LEITURA CONSTITUCIONAL DAS SÚMULAS VINCULANTES

Origens, efeitos e perspectivas interpretativas

ROBSON SOARES DE SOUZA

Prefácio
Diogo Bacha e Silva

LEITURA CONSTITUCIONAL DAS SÚMULAS VINCULANTES
Origens, efeitos e perspectivas interpretativas

Belo Horizonte

2024

© 2024 Editora Fórum Ltda.

É proibida a reprodução total ou parcial desta obra, por qualquer meio eletrônico, inclusive por processos xerográficos, sem autorização expressa do Editor.

Conselho Editorial

Adilson Abreu Dallari
Alécia Paolucci Nogueira Bicalho
Alexandre Coutinho Pagliarini
André Ramos Tavares
Carlos Ayres Britto
Carlos Mário da Silva Velloso
Cármen Lúcia Antunes Rocha
Cesar Augusto Guimarães Pereira
Clovis Beznos
Cristiana Fortini
Dinorá Adelaide Musetti Grotti
Diogo de Figueiredo Moreira Neto (*in memoriam*)
Egon Bockmann Moreira
Emerson Gabardo
Fabrício Motta
Fernando Rossi
Flávio Henrique Unes Pereira

Floriano de Azevedo Marques Neto
Gustavo Justino de Oliveira
Inês Virgínia Prado Soares
Jorge Ulisses Jacoby Fernandes
Juarez Freitas
Luciano Ferraz
Lúcio Delfino
Marcia Carla Pereira Ribeiro
Márcio Cammarosano
Marcos Ehrhardt Jr.
Maria Sylvia Zanella Di Pietro
Ney José de Freitas
Oswaldo Othon de Pontes Saraiva Filho
Paulo Modesto
Romeu Felipe Bacellar Filho
Sérgio Guerra
Walber de Moura Agra

Luís Cláudio Rodrigues Ferreira
Presidente e Editor

Coordenação editorial: Leonardo Eustáquio Siqueira Araújo
Aline Sobreira de Oliveira

Rua Paulo Ribeiro Bastos, 211 – Jardim Atlântico – CEP 31710-430
Belo Horizonte – Minas Gerais – Tel.: (31) 99412.0131
www.editoraforum.com.br – editoraforum@editoraforum.com.br

Técnica. Empenho. Zelo. Esses foram alguns dos cuidados aplicados na edição desta obra. No entanto, podem ocorrer erros de impressão, digitação ou mesmo restar alguma dúvida conceitual. Caso se constate algo assim, solicitamos a gentileza de nos comunicar através do *e-mail* editorial@editoraforum.com.br para que possamos esclarecer, no que couber. A sua contribuição é muito importante para mantermos a excelência editorial. A Editora Fórum agradece a sua contribuição.

Dados Internacionais de Catalogação na Publicação (CIP) de acordo com ISBD

S729l	Souza, Robson Soares de
	Leitura constitucional das Súmulas Vinculantes: origens, efeitos e perspectivas interpretativas / Robson Soares de Souza. Belo Horizonte: Fórum: Del Rey, 2024.
	157p. 14,5x21,5 cm
	ISBN 978-65-5518-632-1
	1. Constituição. 2. Poder Judiciário. 3. Súmulas Vinculantes. I. Título.
	CDD: 340
	CDU: 340

Ficha catalográfica elaborada por Lissandra Ruas Lima – CRB/6 – 2851

Informação bibliográfica deste livro, conforme a NBR 6023:2018 da Associação Brasileira de Normas Técnicas (ABNT):

SOUZA, Robson Soares de. *Leitura constitucional das Súmulas Vinculantes*: origens, efeitos e perspectivas interpretativas. Belo Horizonte: Fórum: Del Rey, 2024. 157p. ISBN 978-65-5518-632-1

Ao Augusto por tudo de melhor que se possa exprimir.

À Priscila por todo amor que houver nessa vida.

À Diretoria e a todos os filiados da Associação Nacional dos Procuradores Municipais por ansiarem não mais que a igualdade e a defesa do Estado Democrático de Direito.

À Diretoria e aos advogados da 19ª Subseção da OAB de Minas Gerais.

Aos colegas da Advocacia-Geral do Município de São Lourenço/MG.

A todos da Editora Fórum e Editora Del Rey.

Nestes tempos tumultuados que nos foi dado a viver, quem toma o cuidado de não fazer nada que possa envergonhar a criança que um dia foi?

Da criança pequena que um dia fomos, o que foi que sobrou?

Da criança pequena que um dia fomos, o que foi que o mundo não nos roubou?

José Saramago

SUMÁRIO

PREFÁCIO
Diogo Bacha e Silva 13

INTRODUÇÃO 17

CAPÍTULO 1
A ATUAÇÃO JURISDICIONAL NA TAREFA DE EDITAR NORMAS 23
1.1   As projeções do STF como guardião da Constituição 23
1.2   A projeção jurídica do STF 34
1.3   A projeção política do STF 38
1.4   O significado das Súmulas Vinculantes para a Justiça Constitucional 40
1.5   Precedentes e enunciados das Súmulas Vinculantes 46

CAPÍTULO 2
A LEGITIMAÇÃO DEMOCRÁTICA DO PODER JUDICIÁRIO NO CONTEXTO DO NEOCONSTITUCIONALISMO 51
2.1   As influências interna e cruzada na Constituição da República de 1988 51
2.2   Reflexos da judicialização e do ativismo judicial 58
2.3   As Súmulas Vinculantes como preenchimento de lacuna legal . 61
2.4   As alterações formais e materiais do Direito em virtude das Súmulas Vinculantes 65

CAPÍTULO 3
A PERSPECTIVA DO DIREITO COMO INTEGRIDADE E A VINCULAÇÃO DECISÓRIA 69
3.1   A integridade do Direito na concepção de Dworkin 69
3.2   A textura aberta do Direito e a escolha da resposta certa 73
3.3   O espaço ocupado pelo Direito no caso concreto 78
3.4   O Romance em Cadeia e a Teoria da Impenetrabilidade 82

3.5 A interpretação construtiva do Direito 89
3.6 As Súmulas Vinculantes sob a luz da integridade do Direito 92

CAPÍTULO 4
A LEITURA CONSTITUCIONAL DAS SÚMULAS VINCULANTES 95

4.1 Bases jurisprudenciais para formação das Súmulas Vinculantes 95
4.2 O posicionamento judicial de vinculação obrigatória e a única resposta correta 101
4.3 A inconsistência das Súmulas Vinculantes diante de fatos não perfeitamente adequados 103
4.4 A aplicação condicionante das Súmulas Vinculantes 107
4.4.1 Condicionante à Súmula Vinculante 5 – direito fundamental à liberdade de ir e vir 109
4.4.2 Condicionante à Súmula Vinculante 18 – interpretação restritiva de regra frente a direitos fundamentais 114
4.4.3 Condicionante à Súmula Vinculante 37: isonomia e princípio da separação de poderes 121
4.5 A necessária interpretação das Súmulas Vinculantes enquanto textos 130

CAPÍTULO 5
AS SÚMULAS VINCULANTES EM RELAÇÃO ÀS CONDIÇÕES DA AÇÃO 133

5.1 Influências processuais causadas pelas Súmulas Vinculantes 133
5.2 A vinculação decisória e a influência nas condições da ação 134
5.3 Inviabilidade jurídica da demanda decorrente de Súmula Vinculante 140
5.4 A viabilidade jurídica da demanda vinculada e a defesa vazia ou meramente formal 143

CONSIDERAÇÕES FINAIS 149

REFERÊNCIAS 153

PREFÁCIO

> *"Tratando-se do futuro, da abertura ao porvir – isto é, não só ao futuro mas ao que advém, vem, tem a forma do acontecimento, devemos decerto ligar a abertura ao que ontem dizíamos do contexto: um movimento que consiste não só no inscrever-se num contexto – e deste ponto de vista não há senão contexto – mas, inscrevendo-se, no produzir um contexto, no transformar o contexto dado abrindo-o e dando lugar a um novo dado contextual. Deste ponto de vista, uma obra, mas também uma frase ou um gesto, um signo ou uma série de signos – molda o contexto reclamando dele um contexto novo"*
> (Jacques Derrida. O Gosto do Segredo, 1997, p. 35).

Quase vintes anos se passaram desde a promulgação da Emenda Constitucional nº 45/2004. Naquela oportunidade, novos institutos como as Súmulas Vinculantes e a Repercussão Geral da questão constitucional no Recurso Extraordinário foram aclamados, por parte dos juristas, como a grande panaceia para a morosidade do Poder Judiciário. Com esses novos institutos, parte da doutrina chegou a afirmar a modificação do papel do Supremo Tribunal Federal, e também das Cortes Superiores. Mas, não só. Chegou-se a afirmar, inclusive, que nosso Direito passava por uma transição do *civil law* para o *common law*. Em uma breve síntese, a partir desses institutos, a função do Supremo Tribunal Federal deveria ser a de estabelecer precedentes.

Ocorre que tal interpretação padece de um problema: a ausência de uma história efeitual (*Wirkungsgeschichte*), para dizer com Gadamer,[1] que nos pudesse dar um fundamento para o conceito de precedente dentro de nossa própria tradição jurídica. Efetivamente, pretender transplantar, sem as devidas matizações, experiências e institutos de outras tradições e outros sistemas jurídicos para a nossa realidade social, política, e econômica é, como falava o grande crítico literário Roberto

---

[1] GADAMER, Hans-Georg. *Verdade e método:* traços fundamentais de uma hermenêutica filosófica. 3. ed. Rio de Janeiro: Vozes, 1999.

Schwarz a respeito do liberalismo europeu em nossa realidade, uma "comédia ideológica".[1] Para além das *ideias fora do lugar*, o transplante de conceitos e institutos de outro sistema jurídico acarreta problemas práticos, revelando as limitações e condições para sua aplicação em nosso sistema. Ou, em outras palavras, os novos institutos, por mais que se inspirem em outros sistemas jurídicos, devem ser mediados pela natureza de nosso sistema jurídico e, sobretudo, pela nossa própria história constitucional.

É dentro de uma perspectiva analítica e crítica que se insere a obra *Leitura Constitucional das Súmulas Vinculantes: origens, efeitos e perspectivas interpretativas*, de Robson Soares de Souza. Calcada em uma teoria do Direito e hermenêutica como a teoria da integridade de Dworkin e mesmo com os aportes de uma teoria analítica do Direito como a de Hart, a obra analisa como, em um primeiro momento, a inserção das súmulas vinculantes modifica a função do Supremo Tribunal Federal. A partir delas, a jurisdição constitucional realizada pelo Supremo Tribunal Federal aumenta seu espaço de atuação. Além da modificação de natureza quantitativa, as súmulas vinculantes apresentam uma modificação de natureza qualitativa.

Ao invés do julgamento de casos concretos, muito embora nascidas de um caso concreto, a vinculação dos enunciados das súmulas do STF, na forma da EC 45/04, tem a pretensão de serem universalizáveis, isto é, aplicadas para todos os casos no futuro. Como alerta o autor, trata-se de uma pretensão de preenchimento das lacunas legais ou, ainda, a substituição do Poder Legislativo pelo Poder Judiciário. Com base nisso, e em nítida influência de Roberto Gargarella, a obra nos lembra a chamada influência interna na parte orgânica por meio da inserção das Súmulas Vinculantes, demandando a interferência nas funções estatais.

Em um segundo momento, a obra nos apresenta a alteração dessas funções, como impactam no exercício da jurisdição constitucional e, ainda, a profunda modificação interpretativa no Direito. Sem desconsiderar o fato de que o Direito é um fenômeno interpretativo, as Súmulas Vinculantes – como aliás todo e qualquer texto – não prescinde de sua própria interpretação. A pretensão de que esse novo instituto esgotasse ou fosse o termo final do processo interpretativo, como advogado por algumas teorias e até mesmo pelo Supremo Tribunal

---

[1] SCHWARZ, Roberto. *As ideias fora do lugar*. São Paulo: Penguin – Companhia, 2014. p. 2.

Federal em determinados casos, mostra-se uma verdadeira ficção na prática jurídica.

É nesse momento que Dworkin e Hart aparecem, cada um à sua maneira, para mostrar como o Direito, enquanto fenômeno interpretativo, deve ser aplicado à luz do caso concreto, levando em consideração toda a dimensão histórica, coerente com os princípios de moralidade política. As Súmulas Vinculantes, desse modo, como alerta o autor, sempre apresentarão *open text*, característica essa, a propósito, da linguagem e, ao fim e ao cabo, da própria natureza humana. Assim como as leis, as Súmulas Vinculantes demandam interpretação. E não são e nem podem ser o ponto final do processo interpretativo.

Como nos ensina o legado dos sistemas de *common law*, os precedentes são assim considerados por julgados do passado que, no processo de argumentação, são reconhecidos como autoridade argumentativa e principiológica pelos participantes internos no presente. Dessa forma, os precedentes são sempre o ponto inicial do processo de interpretação, argumentação e aplicação do Direito. O que ilumina a aplicação dos precedentes? Sempre as circunstâncias que envolvem o caso concreto. Por isso, contra algumas interpretações de Robert Alexy em nosso contexto, cabe lembrar da importância da adequabilidade no discurso de aplicação[1] que diferencia, em última instância, o papel do Poder Legislativo e do Poder Judiciário.

Todas essas questões são importantes para entender o ponto fulcral do trabalho. No capítulo 4, o autor passa a nos mostrar, com exemplos concretos oriundos da jurisdição do Supremo Tribunal Federal, como alguns enunciados das Súmulas Vinculantes encontraram limitações e não conseguem se "apropriar" dos casos posteriores que teimam em surgir para a análise do próprio Tribunal. A não-adequação dos enunciados aos casos posteriores dos enunciados revela a impossibilidade de uma interpretação preditiva. Apenas confirma e reafirma que as Súmulas Vinculantes demandam interpretação à luz do caso concreto, assim como a natureza imanentemente interpretativa do fenômeno jurídico.

No derradeiro capítulo, o autor ainda analisa o impacto das Súmulas Vinculantes no sistema processual como um todo e, sobremaneira, como seus enunciados estabelecem novas barreiras à admissibilidade da demanda com a previsibilidade do desfecho da demanda e sua relação com as garantias fundamentais do direito de ação.

---

[1] GÜNTHER, Klaus. *The Sense of Appropriateness: Application Discourses in Morality and Law*. New York: State University of New York Press, 1993.

A obra de Robson Soares de Souza vem a público em um momento político no qual o Supremo Tribunal Federal é diuturnamente criticado por suas atuações. Com críticas injustas e lastreadas por ideologias políticas de matizes antidemocráticas, a obra se torna imensamente importante para redimensionarmos adequadamente o papel de uma teoria crítica jurídica em relação à atuação do Supremo Tribunal Federal. Ou seja, cabe à teoria revelar, adequadamente, as críticas que podem ser contundentes ao Supremo Tribunal Federal sem que, com isso, se distancie do jogo democrático.

O leitor terá em mãos, portanto, uma obra que se insere na melhor tradição da teoria constitucional e processual e compromissada com o nosso tecido constitucional e democrático instaurado na Constituição de 1988. Que o processo de constitucionalização e de estabelecimento de um Estado Democrático de Direito e igualitário depende de teorias e análises como a feita na presente obra é uma redundância. Portanto, contra a "comédia ideológica", uma obra que se insere dentro de nossa própria historicidade e que desvela institutos constitucionais à melhor luz da comunidade política em que estamos, desde já, inseridos.

São Lourenço, 7 de março de 2023.

Diogo Bacha e Silva
Doutor em Direito pela UFRJ, Mestre em Direito pela FDSM. Pós-Doutor em Direito pela UFMG. Advogado e professor.

INTRODUÇÃO

As Súmulas Vinculantes, no contexto normativo brasileiro, representam importante atuação do Poder Judiciário em relação aos demais poderes do Estado. O caráter normativo das Súmulas Vinculantes entoa o discurso de efetividade dos preceitos constitucionais, anseio antigo buscado pelos modelos de Estado Liberal e Social do passado e não plenamente alcançado atualmente pelos instrumentos do Estado. Este trabalho visa a destacar o papel da Justiça Constitucional no Estado Democrático de Direito e sua participação como ente criador de normas jurídicas, objetivando apontar as consequências de tal contexto.

O trabalho se baseia na técnica da pesquisa bibliográfica, traçando-se comparativo teórico da postura do Judiciário no Brasil, analisando-se a formação jurisprudencial, principalmente do Supremo Tribunal Federal, relativa à edição das Súmulas Vinculantes.

A pertinência do tema se apresenta na problemática a ser trabalhada: as Súmulas Vinculantes no Estado Democrático de Direito como reveladoras da hipertrofia das funções do Poder Judiciário, as implicações históricas que proporcionaram essa condição, sua posição teórica e as suas implicações no Direito brasileiro sob a ótica de garantia aos direitos fundamentais.

Enfatiza-se a Justiça Constitucional como meio de aplicação dos preceitos fundamentais e a relação entre o sistema de controle de constitucionalidade previsto na Constituição da República de 1988 e as Súmulas Vinculantes. Na realidade brasileira, o conceito de Justiça Constitucional apresenta-se atrelado ao desempenho do STF enquanto detentor da guarda da Constituição, preceituado em seu texto, exercendo funções de controle quanto à produção legislativa.

Vale dizer, por meio da atuação em controle de constitucionalidade, em concreto ou abstrato, e da possibilidade de editar Súmulas Vinculantes, as decisões do STF prestam a cobrir lacunas normativas, tendo em vista seus efeitos *erga omnes*.

Nessa perspectiva, o presente trabalho, em seu capítulo 1, expõe circunstâncias históricas que promoveram o Poder Judiciário, notadamente o STF, ao patamar em que se encontra, a sua intervenção na política e o seu papel como guardião da Constituição.

Analisam-se os méritos e fracassos do Estado Liberal não intervencionista – quando a função legislativa se avultou em virtude da pretensão de liberdade e igualdade proclamada na revolução francesa, desfazendo-se das amarras históricas e estabelecendo garantias por meio de leis que proporcionariam o objetivo dos ideais iluministas – e do Estado Social, responsável pelas prestações positivas em relação à comunidade, onde o Poder Executivo protagonizou o papel de efetivar as promessas de organização econômico-social e cumprimento dos direitos individuais.

Ainda no capítulo 1, expõem-se as implicações da introdução das Súmulas Vinculantes na Constituição da República de 1988 no que tange ao modelo adotado de controle de constitucionalidade e as suas ligações com o *common law* e o *civil law*.

No capítulo 2, descreve-se como a inconsistente atuação dos Poderes Legislativo e Executivo no cumprimento das imposições político-sociais e as conquistas normativas alcançadas pelo processo democrático, aliado ao constitucionalismo, fortaleceram o Poder Judiciário em um cenário onde se engrandece à medida que são cada vez mais ampliados e protegidos os direitos e garantias fundamentais.

Por meio do parâmetro histórico desenvolvido, o qual justifica a atual desenvoltura do Judiciário no contexto brasileiro, busca-se averiguar no capítulo 3 as origens desse modelo e apontar de qual forma pode interferir o Judiciário em temas em que se deve observar o debate democrático. Para tanto, visa-se a estabelecer a extensão de aplicabilidade das Súmulas Vinculantes, considerando como marco teórico a tese de Ronald Dworkin da "única resposta correta" e suas considerações sobre o Direito como integridade.

Sobre a abordagem da teoria de Dworkin, apresenta-se no trabalho o colidente pensamento de Herbert L. A. Hart, para o qual o direito positivo, disposto por meio da linguagem, encontra imprecisões que propiciam ao julgador escolher uma resposta, dentre várias que o sistema jurídico dispõe, de forma discricionária. Hart define o Direito como uma textura aberta de onde a decisão jurídica não provém direta e unicamente, cabendo ao aplicador, considerando esse aspecto, optar pela solução mais acertada entre as possíveis.

Discute-se, considerando tais entendimentos teóricos, onde se instalam as Súmulas Vinculantes em consonância com a forma como são aplicadas pelo STF, articulando se a sua inserção no ordenamento jurídico deve ser considerada como elemento dentro do conceito de integridade do Direito ou se seu caráter vinculativo adstringe o julgador em sua escolha discricionária, no contexto da política de proteção aos direitos fundamentais instituídos pela Constituição da República de 1988.

Apoiando-se sobre os efeitos da introdução de institutos jurídicos no texto constitucional, acarretando uma hipertrofia institucional do Judiciário, procede-se à análise das consequências processuais em relação à adoção das Súmulas Vinculantes, dado seu caráter de previsibilidade e antecipação do resultado, ocasionando interferências nas condições da ação e mitigando, de certa forma, o contraditório.

Com o advento da Emenda Constitucional 45/04, a qual introduziu no sistema normativo brasileiro as Súmulas Vinculantes, várias movimentações doutrinárias sobre as influências ocasionadas pelas mudanças previstas na Constituição da República de 1988 foram verificadas.

As mudanças ocasionadas pelas inovações constitucionais que interferem direta e indiretamente no âmbito processual se apresentam como o estabelecimento de uma reforma baseada nas atuais diretrizes jurídicas adotadas pelo legislador, as quais visam a prestigiar as decisões de instâncias inferiores e a celeridade, em consonância com a segurança jurídica, em um contexto de equilíbrio com o contraditório e ampla defesa.

A interferência causada pela atuação de um poder estatal sobre outro em decorrência de alargamento institucional estabelecido pela estrutura jurídica adotada, principalmente no que concerne ao controle de constitucionalidade exercido pelo Judiciário, levou a um cenário que decorre das características do Estado Democrático de Direito, valendo-se da estrutura organizacional de poderes para garantir os direitos consagrados na Constituição.

No capítulo 4, demonstra-se como a atuação do Judiciário não se furta a estabelecer critérios interpretativos na aplicação das Súmulas Vinculantes. Isso porque a tarefa hermenêutica se encontra indissociável entre a abstração normativa e a concretude prática. Tal afirmação decorre da observação da própria corrente jurisprudencial do STF, que vem afastando a aplicação de Súmula Vinculante em casos de aparente adequação, em respeito a direitos fundamentais.

Dessa forma, as inovações trazidas pela Emenda Constitucional 45/04 visam a efetiva prestação jurisdicional, adequada aos anseios sociais, criando dispositivos que, em tese, proporcionam celeridade, efetividade e segurança jurídica em relação às demandas levadas ao Judiciário.

Do contexto normativo que prevê as Súmulas Vinculantes e do aparato processual decorrente das mudanças na Constituição da República de 1988, a atuação do Judiciário em relação à interferência nos demais poderes será analisada, bem como até que ponto esses poderes podem se opor (ou sucumbir) às atuações da atividade jurisdicional.

Importante também destacar que o surgimento das Súmulas Vinculantes se explicita como meio de efetivação do princípio da razoável duração do processo por meio da atuação dos órgãos públicos, principalmente por meio de medidas judiciais, utilizando-se da possibilidade da aplicação imediata e direta do inciso LXXVIII pelo órgão jurisdicional, conforme previsão do §1º do art. 5º da Constituição da República de 1988.

Por meio de tal formulação, apresenta-se uma concepção processual que esvazia o objeto de defesa, tornando a atuação do polo passivo meramente formal, e não mais material, quando se verificar que o conteúdo substancial da demanda estiver vinculado à Súmula Vinculante, e esta indicar posição desfavorável ao demandado.

Aludido entendimento, que é tratado no capítulo 5, diz respeito à verticalização direta do processo do nível mais alto ao mais baixo, suprimindo-se a necessidade da filtração processual por meio de instâncias, onde a decisão do juízo de primeiro grau já se encontra vinculada por entendimento do Supremo Tribunal Federal e descrita em Súmula Vinculante.

Encontram-se na conclusão as principais considerações sobre a pesquisa e na bibliografia são discriminadas as obras utilizadas para a elaboração do trabalho.

Para o desenvolvimento do trabalho, são abordados aspectos teóricos de Ronald Dworkin e Herbert Hart sobre a atuação do STF e pesquisa sobre a construção de sua atual jurisprudência, pretendendo-se traçar características que germinaram o atual estágio orgânico-estrutural do Estado brasileiro, as mudanças políticas e sociais que ocasionaram a possibilidade de o Poder Judiciário editar textos de caráter normativo, a verificação da legitimidade democrática de tal atuação, descrevendo-se a leitura das Súmulas Vinculantes pelo STF em harmonia com os direitos fundamentais e, ainda, como esses textos interferem diretamente nas condições da ação no campo processual.

CAPÍTULO 1

A ATUAÇÃO JURISDICIONAL NA TAREFA DE EDITAR NORMAS

1.1 As projeções do STF como guardião da Constituição

Exercer a sua guarda é a função que a Constituição da República de 1988 atribui ao Supremo Tribunal Federal, em seu art. 102, *caput*. E dessa função extraem-se projeções de caráter histórico, social, jurídico e político.

Ao se estabelecer que o órgão do Poder Judiciário exerce a guarda da Constituição, além de se instituir que lhe cabe a aplicação dos preceitos ali previstos, amolda-lhe a feição de regulador dos conflitos da sociedade, sendo que tal regulação será o ponto de pacificação capaz de satisfazer as intrincadas distorções as quais não se pode corrigir somente com o Direito.

Atualmente, a judicialização e o ativismo judicial, expressões que, como se pretende demonstrar, tomam espaço aparentemente legítimo e democrático,[1] corporificam-se diante de um cenário de placidez dos Poderes Legislativo e Executivo.[2]

---

[1] O atual ativismo judicial tem fundamentos na Constituição de 1988, que ampliou o catálogo de direitos fundamentais. A dificuldade de implementação dos direitos sociais, decorrente de uma realidade econômica concentradora de riquezas, e de adoção de uma ideologia econômica adversa, é fator gerador de tensões que alguns membros do Judiciário procuram resolver com os instrumentos que estão disponíveis para a sua ação (MAGALHÃES, José Luiz Quadros de. *In*: REPOLÊS, Maria Fernanda Salcedo. *Quem deve ser o guardião da Constituição? Do poder moderador ao Supremo Tribunal Federal*. Belo Horizonte: Mandamentos, 2008, p. 15).

[2] Como temos indicado, a incapacidade (ou irresponsabilidade) dos Poderes Legislativo e Executivo na concretização de certos direitos fundamentais (sejam direitos "prestacionais",

Essa descrição não é novidade nos debates acerca do tema, porém é necessário tomar essa perspectiva sob um ângulo da origem de tal contexto. Em outras palavras, como e porque o Poder Judiciário passou de mero aplicador da lei (o Judiciário como a "boca da lei")[3] para um órgão legitimamente capaz de adentrar nas esferas políticas dos entes estatais e interferir em assuntos de atribuições institucionais distintas das suas, ressaltando-se que, apesar de se tratar de aparente usurpação, tal movimentação é vista e aceita como de caráter indiscutivelmente democrático. A tarefa jurisdicional do STF sob o enfoque da Constituição da República de 1988 proporcionou a amplitude do órgão na atuação estatal, com base no contexto de garantias estabelecidas pela própria CR/88.[4]

A sua atividade típica de solução e pacificação de conflitos, característica de um órgão jurisdicional, por fatores históricos desenhados democraticamente, adentra-se em matérias cujas consequências se afiguram como intervenção no campo de políticas públicas e de efeitos sociais perceptíveis como implementação dos direitos concernentes à ordem constitucional vigente.

Como guardião da Constituição, pode-se enfatizar que o STF enfrenta o que a história lhe reservou como participante da formatação política do Estado.[5] Ou seja, associar o Direito à política, ou vice-versa,

---

sejam direitos de reconhecimento para minorias) tem deslocado o fórum de discussão daqueles Poderes para o Judiciário, no que se convencionou chamar de "Judicialização da Política" ou "Politização do Judiciário" (BAHIA, Alexandre Gustavo Melo Franco. Fundamentos de teoria da constituição: a dinâmica constitucional no Estado Democrático de Direito brasileiro. In: *Constitucionalismo e democracia*. Rio de Janeiro: Elsevier, 2012, p. 115).

[3] Para a decisão jurídica cabia apenas aplicar a lei. E daí, também, tanto a fórmula de Rousseau, para quem os magistrados só têm que obedecer às leis fundamentais do Estado, quanto a de Montesquieu, segundo o qual o juiz é a boca da lei (SIMIONI, Rafael Lazzarotto. *Curso de hermenêutica jurídica contemporânea*: do positivismo clássico ao pós-positivismo jurídico. Curitiba: Juruá, 2014, p. 31).

[4] A partir do regime constitucional instaurado em 1988, o Judiciário vem sendo alçado à condição de partícipe na concretização de políticas; meio a contragosto no início, o Judiciário e, particularmente, o STF, se moveu de uma posição de *self-restraint* para um protagonismo sem paralelos em nossa história (BAHIA, Alexandre Gustavo Melo Franco. Fundamentos de teoria da constituição: a dinâmica constitucional no Estado Democrático de Direito brasileiro. In: *Constitucionalismo e democracia*. Rio de Janeiro: Elsevier, 2012, p. 115).

[5] No esforço de lermos a história institucional sobre a melhor luz, podemos compreender que os limites instituídos no Império tornam a criação do Supremo Tribunal Federal um acontecimento ainda mais original e importante para a história institucional. Com esse deslocamento da guarda da Constituição para as mãos de um corpo técnico-jurídico e colegiado, a Constituição tem sua força normativa ampliada porque ela se transforma em argumento para a resolução de conflitos políticos, e é elevada em elemento de discurso. Dessa forma, o alcance que ela tem de "construir" amplia-se, dando à sociedade a possibilidade

foi a herança histórica ao órgão máximo do Judiciário. Demonstra preocupar Maria Fernanda Salcedo Repolês o fato de, ao discorrer sobre a transição do Império para a República, o papel de guardião da Constituição deslocar-se do Poder Moderador para o Supremo Tribunal Federal.[6]

Descreve a autora que esse fragmento da história do Poder Judiciário é revelador da emergência de um problema fundamental para a aplicação do Direito que pode ser traduzido como a tensão permanente entre decisão política e manutenção do pluralismo.[7]

Enquanto guardião da Constituição da República de 1988, condição atribuída desde a primeira Constituição republicana brasileira,[8] salientando-se sua característica programática, prolixa, democrática e rígida, coube então ao STF, órgão jurisdicional que é, proceder à sua atividade precípua: apreciar demandas e proceder ao seu julgamento, considerando o teor normativo que emana das disposições constitucionais, semeando a viabilidade de pretensões jurídicas e de acesso à justiça,[9] aliado ao princípio da vedação do *non liquet*.

Decorre dessa atividade, característica essencial de sua existência, já percebida nos tempos do Iluminismo, quando a ideia da necessidade de separação de poderes do Estado já se instituía, a grande polêmica com que hoje se preocupa o Direito: estaria o Poder Judiciário indo

---

de se reformular como uma comunidade de princípios, capaz de encontrar soluções para os seus conflitos num nível pós-convencional de justificação (REPOLÊS, Maria Fernanda Salcedo. *Quem deve ser o guardião da Constituição?* Do poder moderador ao Supremo Tribunal Federal. Belo Horizonte: Mandamentos, 2008, p. 96).

[6] No modelo consagrado pela Constituição de 1824, exercia o Imperador não apenas a função de chefe do Poder Executivo (art. 112), mas também o Poder Moderador, (art. 98). Essa função deveria ser a chave de toda a organização política, cumprindo-lhe assegurar a independência, o equilíbrio e a harmonia entre os poderes (art. 98) (MENDES, Gilmar Ferreira. *Jurisdição Constitucional:* o controle abstrato de normas no Brasil e na Alemanha. 6. ed. São Paulo: Saraiva, 2014, p. 54).

[7] REPOLÊS, *op. cit.*, p. 76 77.

[8] A primeira Constituição Republicana, de 24 de fevereiro de 1891, introduziu uma nova concepção do Poder Judiciário. A influência da doutrina constitucional americana contribuiu para que se outorgasse ao Supremo Tribunal Federal a função de guardião da Constituição e da ordem federativa, reconhecendo-se-lhe a competência para aferir a constitucionalidade da aplicação do direito através de recurso especial (Constituição de 1891, art. 59, n. 3, §1º, *a* e *b*) (MENDES, *op. cit.*, p. 54-55).

[9] (...) passamos a vivenciar o fenômeno da judicialização de inúmeras temáticas, em face da garantia de acesso à justiça prevista e garantida pelo modelo constitucional de processo brasileiro. Esse fenômeno induziu a uma mudança do papel da jurisdição e do processo que passaram a ser chamados a suprir as deficiências dos outros Poderes nas competências institucionais que lhes pertencem (NUNES, Dierle José Coelho. *Processo jurisdicional democrático*. 1. ed. (ano 2008), 4. reimpr. Curitiba: Juruá, 2012, p. 165).

além de suas funções? Estaria interferindo, como Corte Constitucional, em assuntos afetos aos demais poderes, uma vez que o princípio da separação de poderes limita o Judiciário a não extrapolar o que a própria Constituição atribui a cada um? A dicotomia entre Direito e política está sendo equilibrada pelo guardião da Constituição?

Sob o aspecto histórico, no contexto do que atualmente se entende de pós-modernidade, fruto do que se restou de inconsistente do ideal iluminista[10] e do modelo prestacional do Estado,[11] apresenta-se o Estado Democrático de Direito, festejado pela era atual, e que busca estabelecer seus valores por meio da atuação jurisdicional, sendo o Poder Judiciário o instrumento de satisfação dos anseios sociais não cumpridos pela ideologia do *welfare state*.[12]

Sob o enfoque da conformação das funções dos poderes de Estado em relação aos momentos históricos a partir da Revolução Francesa, constata-se que no Estado Liberal pendia-se para o Poder Legislativo à frente da condução das regulações, tratando-se dos efeitos decorrentes da ruptura com o Absolutismo.[13] O que se apresentava premente, nesse momento, era a necessidade se firmar a liberdade[14] e a igualdade,

---

[10] A nossa racionalidade é, ela própria, um produto humano e como tal porta todas as nossas características. O projeto iluminista era um mito, precisamente por divinizar a racionalidade humana (CARVALHO NETTO, 2011, p. 27).

[11] O que conduz diversos autores a postularem o rótulo de pós-modernidade, de modo a atribuir uma especificidade estrutural tão grande aos tempos em que vivemos quanto à havida na passagem das sociedades tradicionais para a sociedade moderna? É precisamente o reconhecimento das pretensões excessivas atribuídas à racionalidade humana na modernidade: a superação do mito da razão moderna, que seria capaz de revelar verdades eternas, imutáveis, a-históricas, bem como o reconhecimento dos altos custos pagos pela crença nesse mito (CARVALHO NETTO, 2011, p. 25).

[12] (...) Tal aspecto constitui um dos mais importantes desdobramentos da dimensão objetiva dos direitos fundamentais e está associado à ótica emergente do *welfare state*, que enxerga no Estado não apenas um "inimigo" dos direitos do homem, que por isso deve ter as suas atividades limitadas ao mínimo possível (Estado Mínimo), mas uma instituição necessária para a própria garantia desses direitos na sociedade civil (SARMENTO. Daniel. A dimensão objetiva dos direitos fundamentais: fragmentos de uma teoria. *In*: SAMPAIO, José Adércio Leite. *Jurisdição constitucional e os direitos fundamentais*. Belo Horizonte: Del Rey, 2003, p. 294).

[13] O Estado Liberal de Direito, diante da necessidade de condicionar a força do Estado à liberdade da sociedade, erigiu o princípio da legalidade como fundamento para a sua imposição. Esse princípio elevou a lei a um ato supremo com a finalidade de eliminar as tradições jurídicas do Absolutismo e do *Ancien Régime*. A administração e os juízes, em face desse princípio, ficaram impedidos de invocar qualquer direito ou razão pública que se chocasse com a lei (MARINONI, Luiz Guilherme. *A jurisdição no Estado Constitucional*. São Paulo: RT, 2007, p. 25).

[14] Por outro lado, o princípio da legalidade tinha estreita ligação com o princípio da liberdade, valor perseguido pelo Estado Liberal a partir das ideias de que a Administração apenas

surgindo a Escola da Exegese[15] como marco positivista a amparar essa doutrina,[16] tendo como característica a formação negativa de atuação estatal em relação à vontade do indivíduo.

Por essas razões históricas, a necessidade de criação de normas que tenham como objetivos a proteção individual em relação à vontade de um governante, a segurança aos contratos e o estabelecimento de um parâmetro de desenvolvimento processual, representa o papel sobressalente do Legislativo em relação aos demais poderes do Estado,[17] tendo em vista as condições políticas da época e a característica ordenadora do Estado Liberal de Direito.

Já durante o chamado Estado Social,[18] também conhecido por Estado Providência, momento em que se verificaram mudanças sociais impactantes iniciadas no final do século XIX, a feição intervencionista do Estado ganha relevo, tendo em vista a necessidade de sua efetiva atuação na implementação de políticas públicas e sua regulação nas

---

podia fazer o que a lei autorizasse e de que os cidadãos podiam fazer tudo aquilo que a lei não vedasse (*Ibidem*, p. 29).

[15] Essa concepção de Direito foi conhecida também como o legalismo da codificação pós-revolucionária. Nessa concepção, não há nenhuma diferença entre Direito e lei legal. Direito e texto de lei confundem-se em uma única identidade dogmática. O Direito é o texto da lei, tanto quanto o texto da lei é o Direito. E assim a Escola da Exegese permitiu entender o Direito exatamente segundo os ideais da Revolução Francesa: negando os costumes e tradições que vinham das "trevas" da Idade Média, para permitir apenas a legitimidade esclarecida da lei editada segundo as exigências do "Século das Luzes" (SIMIONI, Rafael Lazzarotto. Curso de hermenêutica jurídica contemporânea: do positivismo clássico ao pós-positivismo jurídico. Curitiba: Juruá, 2014, p. 32).

[16] A Escola da Exegese deve seu nome à técnica adotada pelos seus primeiros expoentes no estudo e exposição do Código de Napoleão, técnica que consiste em assumir pelo tratamento científico o mesmo sistema de distribuição da matéria seguido pelo legislador e, sem mais, reduzir tal tratamento a um comentário, artigo por artigo, do próprio Código. A interpretação exegética, aliás, é sempre o primeiro modo com o qual se inicia a elaboração científica de um direito que tenha sido codificado *ex novo* pelo legislador (BOBBIO, Norberto. *O positivismo jurídico*: lições de filosofia do direito; compiladas por Nello Morra. Tradução e notas: Márcio Pugliesi, Edson Bini, Carlos E. Rodrigues. São Paulo: Ícone, 2006, p. 83).

[17] É o governo que depende das leis, não as leis do governo. Por isso o legislativo, diferentemente de hoje, era considerado um dos poderes mais importantes da estrutura do Estado (SIMIONI, *op. cit.*, p. 30-31).

[18] Ao longo do século XIX, o liberalismo e o constitucionalismo se difundem e se consolidam na Europa. Já no século XX, no entanto, sobretudo a partir da Primeira Guerra, o Estado ocidental torna-se progressivamente intervencionista, sendo rebatizado de Estado social. Dele já não se espera apenas que se abstenha de interferir na esfera individual e privada das pessoas. Ao contrário, o Estado, ao menos idealmente, torna-se instrumento da sociedade para combater a injustiça social, conter o poder abusivo do capital e prestar serviços públicos para a população (BARROSO, Luiz Roberto. *Curso de Direito Constitucional contemporâneo:* os conceitos fundamentais e a construção do novo modelo. 4. ed. São Paulo: Saraiva, 2013, p. 88).

relações econômicas,[19] instaurando-se o constitucionalismo social.[20] Em tais condições, as prestações positivas do Estado por meio do Poder Executivo demonstraram o fator de proeminência deste poder no Estado Social.

Em tal cenário, é percebido um processo histórico que vem a reconhecer a especificidade do indivíduo e a diversidade do homem em seu *status* social, marcando-se as diferenças relativas a sexo, idade, etnias, religião, entre outras que acarretam a impossibilidade de se impor igual tratamento ou igual proteção.[21]

Norberto Bobbio aponta que após a Segunda Guerra Mundial houve o desenvolvimento da teoria e da prática dos direitos do homem, destacando a sua universalização e multiplicação.

Concernente à multiplicação dos direitos, o autor encontra três fatores para essa ocorrência: o aumento de bens considerados merecedores de tutela, a titularidade de alguns direitos antes restritos e a concepção do homem não mais como ente genérico ou em abstrato, mas na concreticidade da sua existência e diversidade.[22]

A junção dos aspectos propiciou a adoção de várias diretrizes que formam uma base normativa de proteção aos direitos fundamentais no contexto do Direito Internacional,[23] dirigindo-se para uma formatação de aparato estatal que efetivamente materialize tais direitos.

---

[19] Os fenômenos do nascimento do *welfare state* e do crescimento dos ramos legislativo e administrativo foram por si mesmos, obviamente, o resultado de um acontecimento histórico de importância ainda mais fundamental: a revolução industrial, com todas as suas amplas e profundas consequências econômicas, sociais e culturais. Essa grandiosa revolução assumiu uma característica que se pode sintetizar numa palavra certamente pouco elegante, mas assaz, expressiva: "massificação". (...) Trata-se de característica que, por outro lado, amplamente ultrapassa o simples setor econômico, para se referir também às relações, comportamentos, sentimentos e conflitos sociais (CAPPELLETTI, Mauro. *Juízes legisladores?* Tradução de Carlos Alberto Alvaro de Oliveira. Porto Alegre: Sérgio Antônio Fabris Editor, 1999, p. 56-57).

[20] As Constituições elaboradas após o final da Primeira Guerra Mundial têm algumas características comuns – particularmente, a declaração, ao lado dos tradicionais direitos individuais, dos chamados direitos sociais ou direitos de prestação, ligados ao princípio da igualdade material que dependem de prestações diretas ou indiretas do Estado para serem usufruídos pelos cidadãos. Estas novas Constituições são consideradas parte do novo "constitucionalismo social" que se estabelece em boa parte dos Estados europeus e em alguns americanos (BERCOVICI, Gilberto. *Constituição econômica e desenvolvimento* – Uma leitura a partir da Constituição de 1988. São Paulo: Malheiros, 2005, p. 10).

[21] BOBBIO, Norberto. *A era dos direitos.* Tradução de Carlos Nelson Coutinho. Rio de Janeiro: Campus, 1992, p. 69.

[22] *Ibidem*, p. 68.

[23] A mulher é diferente do homem; a criança, do adulto; o adulto, do velho; o sadio, do doente; o doente temporário, do doente crônico; o doente mental, dos outros doentes; os fisicamente

Em relação aos momentos históricos que se relata, Lenio Streck demonstra que o surgimento do Estado Democrático de Direito supera as noções anteriores de Estado Liberal e Estado Social de Direito. Em seu raciocínio, discorre:

> A noção de Estado Democrático de Direito está, pois, indissociavelmente ligada à realização dos direitos fundamentais. É desse liame indissolúvel que exsurge aquilo que se pode denominar de *plus* normativo do Estado Democrático de Direito. Mais do que uma classificação de Estado ou de uma variante de sua evolução histórica, o Estado Democrático de Direito faz uma síntese das fases anteriores, agregando a construção das condições de possibilidades para suprir as lacunas das etapas anteriores, representadas pela necessidade do resgate das promessas da modernidade, tais como igualdade, justiça social e a garantia dos direitos humanos fundamentais.[24]

O surgimento do Estado Democrático de Direito ocorre, portanto, da necessidade da implementação dos direitos fundamentais não alcançados pela expectativa do Estado Social.[25]

A partir de então, a garantia dos direitos vai para além das expectativas do contexto liberal e do social, como ações negativas em relação ao Estado/governante e ações positivas intervencionistas, na medida em que o Estado Democrático de Direito, amparado nos preceitos dos direitos fundamentais, assume a condição de programar e estabelecer uma padronização obediente à comunidade, visando a impor uma postura política adequada, com estruturação econômica e social capaz de satisfazer os anseios de organização dos Poderes[26]

---

normais, dos deficientes etc. Basta examinar as cartas de direitos que se sucederam no âmbito internacional, nestes últimos quarenta anos, para perceber esse fenômeno: em 1952, a Convenção sobre os Direitos Políticos da Mulher; em 1959, a Declaração da Criança; em 1971, a Declaração dos Direitos do Deficiente Mental; em 1975, a Declaração dos Direitos dos Deficientes Físicos; em 1982 a primeira Assembleia Mundial, em Viena, sobre os direitos dos anciãos, que propôs um plano de ação aprovado por uma resolução da Assembleia da ONU, em 3 de dezembro. (*Ibidem*, p. 69).

[24] STRECK, 2014b, p. 54.

[25] Dito de outro modo, se com o advento do Estado Social e o papel fortemente intervencionista do Estado, o foco de poder/tensão passou para o Poder Executivo, no Estado Democrático de Direito há uma modificação desse perfil. Inércias do Executivo e falta de atuação do Legislativo passam a poder – em determinadas circunstâncias – ser supridas pelo Judiciário, justamente mediante a utilização dos mecanismos jurídicos previstos na Constituição que estabeleceu o Estado Democrático de Direito (STRECK, 2014b, p. 65).

[26] A separação dos poderes instala-se, portanto, tecnicamente, numa sociedade de extrema complexidade, por onde trafegam velozes três gerações de direitos fundamentais – e estamos, já, às vésperas da quarta, em adiantado estado de gestação! – as quais, para se

que se traduzirá na viabilização da equalização da igualdade e da liberdade, dentro de um contexto baseado na democracia e nos preceitos estabelecidos na Constituição, formando-se o que se chama de Estado Constitucional Democrático.[27]

Diante das novas condições verificadas da narrativa, o Poder Judiciário se apresenta como o instrumento capaz de realizar as promessas do plano do Estado, por meio de seu vigor imperativo de aplicação dos preceitos fundamentais descritos na Constituição.

Por tal contexto, acaba sendo o Poder Judiciário responsável pelas atividades prestacionais do Estado, consubstanciando-se na essência do Estado Democrático de Direito, extraindo-se a projeção social do STF como guardião da Constituição, traduzindo o momento histórico vivido.[28]

---

concretizarem, impetram uma hermenêutica de princípios sujeitos a colidirem, não havendo, porém, instância mais recorrida para dirimir as colisões nas estruturas constitucionais do Estado Democrático de Direito do que a jurisdição constitucional. (BONAVIDES, Paulo. *Curso de Direito Constitucional*. 29. ed. – São Paulo: Malheiros, 2014, p. 668).

[27] O Estado constitucional democrático, como o nome sugere, é produto de duas ideias que se acoplaram, mas não se confundem. Constitucionalismo significa poder limitado e respeito aos direitos fundamentais. O Estado de Direito como expressão da razão. Já democracia significa soberania popular, governo do povo. O poder fundado na vontade da maioria. Entre democracia e constitucionalismo, entre vontade e razão, entre direitos fundamentais e governo da maioria, podem surgir situações de tensão e de conflitos aparentes. Por essa razão, a Constituição deve desempenhar dois grandes papéis. Um deles é o de estabelecer as regras do jogo democrático, assegurando a participação política ampla, o governo da maioria e a alternância no poder. Mas a democracia não se resume ao princípio majoritário. Se houver oito católicos e dois muçulmanos em uma sala, não poderá o primeiro grupo deliberar jogar o segundo pela janela, pelo simples fato de estar em maior número. Aí está o segundo grande papel de uma Constituição: proteger valores e direitos fundamentais, mesmo que contra a vontade circunstancial de quem tem mais votos. E o intérprete final da Constituição é o Supremo Tribunal Federal. Seu papel é velar pelas regras do jogo democrático e pelos direitos fundamentais, funcionando como um fórum de princípios – não de política – e de razão pública – não de doutrinas abrangentes, sejam ideologias políticas ou concepções religiosas (BARROSO, Luís Roberto. Judicialização, ativismo judicial e legitimidade democrática. *(SYN)THESIS*, v. 5, n. 1, p. 28, 2012. Disponível em: https://www.e-publicacoes.uerj.br/synthesis/article/view/7433. Acesso em: 11 out. 2023).

[28] A noção comunitarista de que a argumentação jurídica é um caso especial da discursividade prática geral, fundindo os discursos jurisdicionais e legislativos numa espécie única, aniquilou definitivamente a perspectiva clássica de divisão de poderes, vez que não haveria distinção qualitativa na forma de argumentação condizente com provimentos legislativos e judiciários (...). O comunitarismo repudia o passivismo formalista dos nossos operadores do Direito, especialmente do Judiciário, cobrando o surgimento de uma magistratura comprometida com um ativismo em favor de causas sociais. Esse engajamento da magistratura certamente é elemento essencial para a superação do Estado Social de Direito pelo Estado Democrático de Direito. Em outras palavras, enquanto o Legislativo teve a supremacia no Estado Liberal e o Executivo no Estado Social, agora seria a vez do Judiciário. (SOUZA CRUZ, Álvaro Ricardo. *Habermas e o Direito Brasileiro*. Prefácio. 2. ed. Rio de Janeiro: Lumen Juris, 2008, p. 31).

A Justiça Constitucional se transforma, para os olhos da comunidade, no plano de prestações estatais, como instrumento de resgate dos direitos não realizados.[29] Esse é o viés social (projeção) da feição do guardião da Constituição, tendo em vista que os direitos sociais nela previstos, somados aos instrumentos processuais de acesso à jurisdição, garantem aos indivíduos e à coletividade a possibilidade da realização de seus comandos.[30]

Ou seja, a estrutura orgânico-constitucional é forjada de acordo com o elemento nuclear da concepção pós-moderna de Estado, adotando os preceitos fundamentais como parâmetro base, sendo que as funções do Estado agora se adequarão para se submeterem a essa nova ordem democrática, que elege a igualdade, liberdade e amplo desenvolvimento social como princípios dessa dimensão.

Com isso, o Poder Judiciário surge como o viabilizador dos direitos nessa nova realidade,[31] superadas as formulações do Estado Liberal e do Estado Social, modelos onde sua atuação se mostrou coadjuvante.

Na definição de Lenio Streck:

> (...) é possível sustentar que, no Estado Democrático de Direito, ocorre certo deslocamento do centro de decisões do Legislativo e do Executivo para o plano da justiça constitucional. Pode-se dizer, nesse sentido, que no Estado Liberal, o centro de decisão apontava para o Legislativo (o que não é proibido é permitido, direitos negativos); no Estado Social, a primazia ficava com o Executivo, em face da necessidade de realizar

---

[29] A jurisdição constitucional emergiu historicamente como um instrumento de defesa da Constituição, não da Constituição considerada como um puro nome, mas da Constituição tida como expressão de valores sociais e políticos. (SILVA, José Afonso da. *Curso de Direito Constitucional positivo*. 33. ed. rev. e atual. São Paulo: Malheiros Editores, 2009, p. 557).

[30] Enfim, parece-nos plenamente aplicável ao ordenamento constitucional brasileiro a teoria dos deveres jurídicos de proteção aos direitos fundamentais, a qual agrega a tais direitos – mesmo os de feição individual – uma nova dimensão prestacional. (SARMENTO, Daniel. A dimensão objetiva dos direitos fundamentais: fragmentos de uma teoria. *In*: SAMPAIO, José Adercio Leite. *Jurisdiçao constitucional e os direitos fundamentais*. Belo Horizonte: Del Rey, 2003, p. 303).

[31] É interessante notar que muitas vezes a intenção de implementação dos direitos sociais por meio de decisões judiciais em processos individuais, – por exemplo, no campo da saúde pública – é uma tentativa improvisada que pode ter repercussões negativas, uma vez que se perde a dimensão macro que as políticas públicas, em qualquer setor, devem ter. É um remendo desesperado em um sistema social e econômico de viés liberal-conservador que se confronta permanentemente com a nossa Constituição social e democrática. (MAGALHÃES, José Luiz Quadros de. *In*: REPOLÊS, Maria Fernanda Salcedo. *Quem deve ser o guardião da Constituição? Do poder moderador ao Supremo Tribunal Federal*. Belo Horizonte: Mandamentos, 2008, p. 15).

políticas públicas e sustentar a intervenção do Estado na economia; já no Estado Democrático de Direito, o foco de tensão se volta para o Judiciário.[32]

Outras definições de apoderamento pelo Judiciário da máquina reguladora do Estado são desenvolvidas, como a apresentada por Roberto Gargarella, ao descrever as influências decorrentes da inserção de direitos fundamentais no texto constitucional[33] e como tal evento contribui para fortalecer o Judiciário frente aos demais poderes, tendo em vista a relativa inércia destes em relação ao cumprimento de seus deveres instituídos na Constituição.

Roberto Gargarella propõe que a extensão de direitos individuais e coletivos na parte dogmática de uma Constituição traz um impacto imediato na estrutura orgânica dos poderes, tendo em vista que a ausência de implementação de políticas pelo Estado, que efetivem os direitos previstos na Constituição, determina a intervenção do Poder Judiciário para o seu cumprimento.[34]

Tal intervenção deve se pautar, sobretudo, nos princípios e na garantia dos direitos fundamentais, visando ao seu conformismo com o direito como integridade, o que desfigura o conceito de uma interpretação jurídica ativista.[35]

Sob tal aspecto, as designações "ativismo judicial" e "judicialização" tendem a ser pouco a pouco menos utilizadas, uma vez que não serão mais as decisões judiciais assim qualificadas, a não ser quando evidenciado ser a atuação do Judiciário atentatória ao princípio da separação dos poderes,[36] caso em que será tida como nula. Aponta-se

---

[32] STRECK, 2014b, p. 64.
[33] GARGARELLA, Roberto. A inserção de direitos sociais em constituições hostis a eles (1917-1980). *In*: TOLEDO, Cláudia (org). *Direitos sociais em debate*. Rio de Janeiro: Elsevier, 2013.
[34] *Ibidem*, p. 51.
[35] E cai também a alternativa entre ativismo judicial e passivismo judicial. Porque os direitos não são restritos aos textos das leis ou à intenção original do legislador (passivismo), tampouco justifica que o Judiciário ordene tiranicamente os demais poderes a fazerem o que ele acha que deve ser feito. Os direitos devem ser resultados de uma interpretação adequada – ajustada às práticas históricas – e justificada – em princípios de moralidade política. A integridade exige coerência, não passividade, muito menos ativismo judicial. (...) Nas questões de políticas públicas, onde as questões são de estratégia para atingir objetivos políticos, o ativismo da interpretação jurídica deve ser um ativismo sobre princípios, não sobre as escolhas democráticas a respeito de prioridades políticas. (SIMIONI, Rafael Lazzarotto. *Curso de hermenêutica jurídica contemporânea: do positivismo clássico ao pós-positivismo jurídico*. Curitiba: Juruá, 2014, p. 381-382).
[36] (...) A mesma avaliação do princípio, como pedra angular de uma Constituição do Estado de Direito, qual se acha concebido na Lei Fundamental da República de Bonn, promana

que serão designações ultrapassadas porque tais expressões advêm de um contexto incompatível com o Estado Democrático de Direito.

Os sistemas político e jurídico[37] detêm cada qual seu espaço no plano institucional,[38] daí decorrendo que a interferência de um no outro será automaticamente afastada no caso da efetiva atuação daquele a quem incumbe o ato.

Em outras palavras: se o Poder Judiciário adentra em matéria legislativa é porque o Poder Legislativo não atuou a contento. Para que cada instituto tome seu devido lugar, caso o Legislativo entenda que houve a extrapolação dos limites do órgão jurisdicional,[39] basta

---

também do entendimento do jurista Peter Badura. Não trepida este em assinalar que "no desenvolvimento do Estado moderno e na história das ideias políticas, encontrava-se em toda a parte a separação de poderes, sobretudo onde o objetivo é a ordenação e a vinculação do poder estatal, o impedimento ao abuso do poder político e a garantia da liberdade. A divisão de poderes, prossegue Badura, está de tal forma ligada a todos os elementos principais do Estado de Direito e à ideia da Constituição, que ele, como princípio, pode equiparar-se a todas as ideias básicas do constitucionalismo moderno, a saber, as que vinculam o poder do Estado aos postulados fundamentais do Direito. (BONAVIDES, Paulo. *Curso de Direito Constitucional*. 29. ed. São Paulo: Malheiros, 2014, p. 570-571).

[37] Para a teoria dos sistemas, a sociedade é uma rede de comunicações, em que é imposta muito mais a questão de como opera o sistema jurídico no interior da sociedade do que propriamente a ação individual do jurista. A sociedade, assim, é dividida em vários subsistemas, como o jurídico, o econômico, o político etc., um se distinguindo do outro. O operador jurídico não pode operar fora da característica específica do sistema jurídico. (...) A identificação das distinções entre o Direito e a Política será feita pela característica de cada comunicação: será comunicação jurídica aquela que lida com a dualidade lícito/ilícito, pertencendo esta somente ao sistema jurídico; o sistema jurídico é que definirá o que é lícito e ilícito, são definidas, desse modo, as distinções entre sistema jurídico e sistema político (no qual ocorre a dualidade governo/oposição, maioria/minoria etc.). Não se admite, então, a transferência da linguagem de um sistema para outro, tornando-se inaceitável, em termos sistêmicos, aquilo que hoje se denomina judicialização da política. (STRECK, 2014b, p. 55).

[38] A concepção sociológica de Direito de Niklas Luhmann, como um sistema autopoiético, é uma das que afirmam expressamente a autonomia do Direito. O Direito como um sistema autopoiético da sociedade é concebido como uma unidade operacional de produção de sentido que opera com base em um tipo de comunicação sem equivalentes em outros sistemas sociais, qual seja, a comunicação da diferença entre lícito e ilícito. Com base nesse código, o Direito estrutura programas condicionais e desenvolve a sua função – também sem equivalentes em outros sistemas sociais – de generalização simbólica de expectativas normativas. Somente o Direito desempenha isso para a sociedade. E, precisamente por isso, o Direito existe como uma realidade comunicativa diferenciada e autônoma dos demais sistemas – como a política, a economia, a religião, a ciência, a arte – ou das demais formas de comunicação da sociedade. A identidade a partir da diferença. (SIMIONI, Rafael Lazzarotto. Decisão jurídica e autonomia do Direito: a legitimidade da decisão para além do constitucionalismo e democracia. *In*: FIGUEIREDO, Eduardo Henrique Lopes; MONACO, Gustavo Ferraz de Campos; MAGALHÃES, José Luiz Quadros de. *Constitucionalismo e democracia*. Rio de Janeiro: Elsevier, 2012, p. 151).

[39] De todo modo, o Judiciário sempre atuará nesse sentido regulador, controlando a legalidade constitucional, podendo, no limite, ordenar a execução de determinadas medidas ao Executivo (medidas essas determinadas pelo Direito), mas a execução em si sempre caberá

legislar sobre o tema independentemente de vinculação, uma vez que as decisões do Poder Judiciário não podem vinculá-lo.

O inverso também deve ocorrer: constatado que o Legislativo (ou Executivo) não respeitou a competência jurisdicional, adentrando-se na esfera de atribuições do Poder Judiciário, deve este proceder aos mecanismos que reestabeleçam a diretriz de separação dos poderes.

Esse detalhamento, considerando os sistemas políticos e jurídicos isoladamente e levando em conta a característica do Estado Democrático de Direito como mantenedor dos preceitos fundamentais, remete à conclusão de que toda decisão judicial decorrente de um processo devidamente formado e instruído e com impulso de partes legalmente legitimadas para requerer a tutela jurisdicional será fruto da estrutura orgânica e dogmática constitucional, formada pela vontade do povo, uma vez que tida como democrática.

Daí decorre a imprecisão dos termos "judicialização" e "ativismo judicial", pois a visão garantidora de direitos previstos na Constituição da República de 1988 deve ser absolutamente observada, detendo o Poder Judiciário a independência de executar suas atividades conforme os mandamentos constitucionais dentro do que lhe é reservado em relação à tripartição de poderes do Estado.

1.2 A projeção jurídica do STF

Sobre a ótica de atuação jurisdicional, destacam-se as correntes procedimentalistas e substancialistas, que se apresentam como dois grandes eixos analíticos referentes ao papel do Poder Judiciário no contexto do pós-guerra.[40]

De um lado, os procedimentalistas entendem que o Direito não pode interferir nas relações políticas, advogando que o discurso no plano das decisões políticas encontraria democraticamente os valores da comunidade, o que seria a melhor maneira de se alcançar a concretização desses valores.

---

ao Executivo. Há um espaço que o Judiciário não alcança. Por isso, uma teoria da decisão é importante para nos assegurar dos limites desse espaço não alcançado pelo Judiciário; um espaço democraticamente garantido, para que nossa democracia não se transforme em uma juristocracia. (STRECK, 2014a, p. 54).

[40] STRECK, Lenio Luiz. *Hermenêutica jurídica e(m) crise:* uma exploração hermenêutica da construção do Direito. 11. ed. rev., atual. e ampl. Porto Alegre: Livraria do Advogado, 2014, p. 54.

Com esse esquema, alegam os procedimentalistas, evita-se que o Judiciário se transforme em uma instância autoritária, já que estaria nas mãos dos juízes a mensuração dos valores a serem aplicados, o que registra uma interferência à representatividade democrática.

Deve-se ressaltar que, na visão dos adeptos do procedimentalismo,[41] um tribunal constitucional deve ficar limitado a garantir o procedimento democrático das disciplinas do Estado, visando à participação coletiva da criação do Direito.

Lenio Streck, analisando o enfoque de Habermas, descreve que:

> O Tribunal Constitucional não deve ser um guardião de uma suposta ordem suprapositiva de valores substanciais. Deve, sim, zelar pela garantia de que a cidadania disponha de meios para estabelecer um entendimento sobre a natureza dos seus problemas e a forma de sua solução.[42]

Inclusive, para os procedimentalistas, afeta a imparcialidade jurisdicional a condição de se proceder a juízo de valores em relação à interpretação jurídica, impondo-se a vontade do julgador que, dentro do contexto processual, examinara elementos e exarara uma decisão de acordo com seu entendimento, em vez de a matéria ser devidamente debatida em um ambiente de participação democrática.

Por outro lado, os substancialistas defendem a ideia de que a jurisdição constitucional deve reconhecer os preceitos fundamentais da Constituição, utilizando-se das condições de implementação obrigatória do Estado para a efetivação desses direitos.[43] Permanece o caráter intervencionista em relação ao cumprimento dos preceitos do Estado Social não atingidos plenamente.

Porém, a Constituição, ao consagrar direitos fundamentais na perspectiva do Estado Democrático de Direito, apresenta-se como

---

[41] HABERMAS, Jurgen. *Direito e democracia* – entre facticidade e validade. Rio de Janeiro: Tempo Brasileiro, 1997. V. I e II.
[42] STRECK, *op. cit.*, p. 56.
[43] Assim, afirmando as virtudes mais originárias do Direito com base na liberdade, igualdade, equidade processual e integridade, Dworkin firma as bases do Direito em uma convicção jurídica autônoma para resolver os problemas sociais concretos. E, nesse sentido, o fundamento do Direito nesse substancialismo – como também, de certo modo, na hermenêutica de Lenio Streck – está na comunidade, nas tradições e projetos mais autênticos da comunidade política. (SIMIONI, Rafael Lazzarotto. Decisão jurídica e autonomia do Direito: a legitimidade da decisão para além do constitucionalismo e democracia. *In*: FIGUEIREDO, Eduardo Henrique Lopes; MONACO, Gustavo Ferraz de Campos; MAGALHÃES, José Luiz Quadros de. *Constitucionalismo e democracia*. Rio de Janeiro: Elsevier, 2012. p. 152).

elemento de garantia a ser tutelado, como fim a que se deve obediência para a concretização de seus preceitos, sendo sua violação objeto a ser amparado pelo Poder Judiciário, o qual detém, portanto, a capacidade de tornar as aspirações da Constituição algo palpável, considerando sua dimensão objetiva e a eficácia irradiante dos direitos fundamentais[44] frente à desvalorização progressiva do direito positivo.[45]

Dessa forma, a Constituição da República de 1988, ao estabelecer um rol de direitos fundamentais, aliado aos deveres sociais do Estado – não efetivamente realizados – e aos instrumentos processuais de provocação da tutela jurisdicional, forma um aparato de implementação de seus preceitos por meio do Poder Judiciário.[46]

Os aludidos instrumentos processuais de garantia à tutela jurisdicional em casos de violação de preceitos fundamentais se apresentam como formas de concretização do direito estabelecido na Constituição. A própria CR/88 trata de estabelecer objetos que sejam destinados à proteção de direitos fundamentais, destacando-se, para ilustrar o tema, como exemplos, o Mandado de Injunção, a Arguição de Descumprimento de Preceito Fundamental e a Ação Direta de

---

[44] Uma das mais importantes consequências da dimensão objetiva dos direitos fundamentais é o reconhecimento da sua eficácia irradiante. Esta significa que os valores que dão lastro aos direitos fundamentais penetram por todo o ordenamento jurídico, condicionando a interpretação das normas legais e atuando como impulsos e diretrizes para o legislador, a administração e o Judiciário. A eficácia irradiante, nesse sentido, enseja a "humanização" da ordem jurídica, ao exigir que todas as suas normas sejam, no momento de aplicação, reexaminadas pelo operador do Direito com novas lentes, que terão cores da dignidade humana, da igualdade substantiva e da justiça social, impressas no tecido social. (SARMENTO. Daniel. A dimensão objetiva dos direitos fundamentais: fragmentos de uma teoria. *In*: SAMPAIO, José Adércio Leite. *Jurisdição constitucional e os direitos fundamentais*. Belo Horizonte: Del Rey, 2003, p. 279).

[45] Se o direito deixou de ser um sistema privilegiado, e se as propostas de conformação social através do direito esbarram com a desvalorização progressiva do direito positivo, como aceitar a positivação e positividade normativo-internacional dos direitos fundamentais? A sugestão que aqui deixamos, em jeito de tom e dom conclusivos, é esta: a "teoria da justiça" recupera a pretensão de universalidade dos direitos fundamentais considerando os direitos humanos como limites morais ao pluralismo e às práticas sociais nacionais e internacionais. (CANOTILHO, José Joaquim Gomes. *Estudo sobre direitos fundamentais*. 1. ed. São Paulo: Revista dos Tribunais; Portugal: Coimbra, 2008, p. 135).

[46] Entende a mais autorizada doutrina que do reconhecimento dos deveres de proteção é possível extrair direitos subjetivos individuais à proteção, oponíveis em face do Estado, que terá a obrigação de, por meio de providências normativas, administrativas e materiais, salvaguardar os indivíduos de danos e lesões que podem sofrer em razão da atuação de terceiros. (SARMENTO. Daniel. A dimensão objetiva dos direitos fundamentais: fragmentos de uma teoria. *In*: SAMPAIO, José Adércio Leite. *Jurisdição constitucional e os direitos fundamentais*. Belo Horizonte: Del Rey, 2003, p. 294).

Inconstitucionalidade por Omissão, que constituem meios cabíveis de amparo jurídico decorrente da inércia legislativa.

Os exemplos arrolados demonstram o engrandecimento dos meios processuais de garantia presentes no Estado Democrático de Direito e fixam o Poder Judiciário na função de concretizar as diretrizes constitucionais, indicando, mais uma vez, que os Poderes Executivo e Legislativo acabam por delegar suas competências para o Judiciário.

Como exemplo do fenômeno de inversão de papéis institucionais, percebem-se vários fatores que colocaram o Judiciário na posição em que se encontra. O princípio da celeridade processual pode ser visto como um ponto que alicerça a produção legislativa a respeito.

Baseado no referido princípio, o direito processual civil sofreu profundas alterações com a instituição do regime de julgamento e efeitos dos recursos repetitivos, da repercussão geral e das Súmulas Vinculantes. O que chama a atenção no que tange à matéria em exposição é o caso das Súmulas Vinculantes, principalmente pela proximidade que guarda com as características próprias de uma redação legal.[47,48]

As Súmulas Vinculantes no Estado Democrático de Direito demonstram a hipertrofia da Justiça Constitucional, sendo suas implicações na estrutura do ordenamento jurídico brasileiro visíveis a partir de então.

Nesse prisma, percebe-se que o STF, como guardião da Constituição, editando as Súmulas Vinculantes previstas no art. 103-A da CR/88 e disciplinadas pela Lei 11.417/06, apresenta-se como protagonista jurisprudencial exclusivo da Constituição da República e inaugura, no contexto histórico do Brasil, um paradigma de justiça constitucional na condição de criador positivo de normas, o que, sob o enfoque jurídico, transforma o direito brasileiro de maneira profunda.

---

[47] (...) as súmulas, em sentido lato, no modo como foram institucionalizadas, têm pretensão de generalidade e abstração, como a lei. Quem acha que as súmulas vinculantes são 'demasiadamente vagas' deixa a impressão de que as dificuldades de aplicação devem ser solucionadas com "outras súmulas" ou um "comentário sobre as súmulas". (STRECK, Lenio Luiz. In: CANOTILHO, J. J. Gomes et al. Comentários à Constituição do Brasil. São Paulo: Saraiva/Almedina, 2013, p. 1.431).

[48] É exatamente por isso que a súmula vinculante, como um texto que é, também fica sujeita à interpretação, a ponto de logo ser necessária, no lado do silogismo jurídico, uma súmula das súmulas, e no lado dos fatos, recursos à argumentação jurídica necessária para justificar narrativas que complicam a simplicidade e a segurança daquele silogismo. (SIMIONI, Rafael Lazzarotto. Curso de hermenêutica jurídica contemporânea: do positivismo clássico ao pós-positivismo jurídico. Curitiba: Juruá, 2014, p. 48).

Referido instituto foi fruto da Emenda Constitucional nº 45/04 (a denominada "Reforma do Judiciário") que, como o nome descrito sugere, introduziu na Constituição da República de 1988 diversos outros dispositivos que visam a proporcionar celeridade e segurança jurídica, já que detém como características primordiais a agilidade na prestação jurisdicional e a busca pela uniformidade dos posicionamentos judiciais em todas as instâncias.

1.3 A projeção política do STF

Concernente à perspectiva que do STF como guardião da Constituição, nos moldes já apresentados neste trabalho, vislumbram-se várias projeções e dentre elas percebe-se a projeção política, é importante se esclarecer que a capacidade de alcance da atuação do Judiciário nessa seara foi inquestionavelmente aumentada a partir da inserção de direitos fundamentais na CR/88 e de instrumentos jurídicos para sua efetivação.

Nesse enfoque, ao introduzir as Súmulas Vinculantes no texto constitucional, o constituinte derivado viabilizou a utilização do instituto para a normatização de temas carentes de previsões legislativas, projetando suas decisões no campo político. E isso decorre da atuação dos próprios Poderes Legislativo e Executivo.

O ambiente da perspectiva de que, finalmente e efetivamente, poderia se alcançar uma sociedade com alguma expectativa de viver em igualdade, aspirada durante séculos, é visto na dimensão social como a esperança da concretização das promessas não cumpridas.[49]

O *status* de ser o STF o guardião da Constituição revela ainda que a organização dos poderes, em certa medida, encontra-se calcado em um modelo de impossibilidade do debate democrático aplicado a uma

---

[49] A disputa pela efetivação dos direitos sociais no ambiente jurisdicional é, no quadro caricaturado – em razão dos limites de extensão deste trabalho – acima, uma das marcas da contemporaneidade. Experimenta-se, com isso e entre outros aspectos, um rearranjo organizacional na forma estatal da modernidade, fruto das próprias dificuldades do Estado e de sua apresentação como Estado Social e se percebe um embate do Estado com ele mesmo, da construção legislativa de promessas à disputa por sua concretização, em um primeiro momento no âmbito da administração (Executivo) envolta em projetos de reforma do Estado e de "gestão" de recursos e, posteriormente, diante da insatisfação na sua (ir)realização, nos limites da jurisdição, em busca das promessas perdidas." (BOLZAN DE MORAIS, José Luis. O Estado constitucional – entre justiça e política. Porém, a vida não cabe em silogismos! *In*: MACHADO, Felipe; CATTONI, Marcelo (coord.). *Constituição e processo:* entre o direito e a política. Belo Horizonte: Fórum, 2011, p. 170).

sociedade pluralista, reconhecendo-se a dificuldade de homogeneização das culturas e relações jurídicas.

Observa-se que dentro desse ponto, a teoria procedimentalista, que defende o debate democrático como única forma legítima de se construir o Direito, esbarra no problema da diversidade e distorções culturais e entre classes sociais e econômicas, o que torna uma utopia a plena realização das funções do Executivo e Legislativo na clássica definição da tripartição dos poderes.

Assim, a Constituição da República de 1988 apresenta dispositivos materiais e instrumentais que devem ser utilizados perante a urgência da efetividade dos direitos fundamentais. Diante da inércia do Legislativo e Executivo, caberá ao Judiciário a garantia dos preceitos constitucionais, deslocando-se para esta esfera a discussão política. É o modelo do Estado Democrático de Direito que emerge e que, em sua forma garantista, busca a proteção dos direitos fundamentais.

Na realidade brasileira, com suas dimensões continentais e culturas diversificadas de norte a sul, a intenção de os temas serem plenamente debatidos em âmbito político de forma que se tornem úteis e aplicáveis apresenta-se inviável, restando ao Judiciário integrar e acomodar a estrutura normativa por meio de sua atuação, com uma postura coerente, considerando-se o que o debate democrático produzira.

O que se pretende defender é que a lacuna normativa deixada pelo legislador deve ser compensada pelo Judiciário quando provocado para tanto, devendo construir uma decisão, não a partir de fundamentos políticos, mas sim por meio de princípios e normas, inclusive porque uma decisão jurídica se alcança por critérios e métodos jurídicos.[50] No entanto, mesmo não se colocando no patamar político de debates, a participação do Judiciário na definição política da comunidade é inegável. Decorre desse viés sua projeção de tal natureza.

---

[50] Vale, aqui, contudo, sublinhar novamente que a Constituição é um documento normativo e não um texto político. Ademais, embora o Tribunal Constitucional possa ser chamado a decidir questões que, sem qualquer dúvida, assumem conotação política, a verdade é que, mesmo nessas situações, pode-se afirmar, com Eduardo García de Enterria, que "é certo que o Tribunal decide conflitos políticos, mas a característica é que a resolução dos mesmos se faz por critérios e métodos jurídicos (...). (TAVARES, André Ramos. *Curso de Direito Constitucional*. 5. ed. São Paulo: Saraiva, 2007, p. 227).

1.4 O significado das Súmulas Vinculantes para a Justiça Constitucional

A prática de exposição de jurisprudência dominante por meio de enunciados propõe a agilização e simplificação de referências sobre temas tratados pelos tribunais superiores. Utilizadas pelo STF a partir de 1964,[51] tratando-se de instituto que orienta a aplicação do Direito, as súmulas tradicionais, conhecidas como persuasivas,[52] prospectam a atuação jurisdicional conforme prescreve sua descrição,[53] não se atribuindo, às mesmas, força obrigatória.

Inseridas na Constituição da República de 1988 pela Emenda Constitucional 45/2004, as Súmulas Vinculantes têm como pressuposto a existência de controvérsia atual em relação a determinadas normas, entre órgãos judiciários ou entre esses e a Administração Pública, que acarrete grave insegurança jurídica e a relevante multiplicação de processos sobre questões idênticas.[54]

Verifica-se que a segurança jurídica é tomada como norte para a instituição das Súmulas Vinculantes, fruto da imprevisibilidade relativa às decisões judiciais, advinda de entendimentos que se confrontam entre órgãos judiciais. Encontra-se na necessidade de se estabelecer a validade, a interpretação e a eficácia de normas determinadas de forma

---

[51] Desde 1964, o Supremo Tribunal Federal consolida sua jurisprudência dominante em enunciados, chamados súmulas. Diante dessa prática, consolidada no Código de Processo Civil de 1973, parcela significativa da doutrina sempre pretendeu conferir à súmula o que até então somente se conferia à lei: força obrigatória. (STRECK, Lenio Luiz. *In*: CANOTILHO, J. J. Gomes *et al*. *Comentários à Constituição do Brasil*. São Paulo: Saraiva/Almedina, 2013, p. 1.425).

[52] O precedente persuasivo (*persuasive precedent*) não tem eficácia vinculante; possui apenas força persuasiva (*persuasive authority*), na medida em que constitui "indício de uma solução racional e socialmente adequada". Nenhum magistrado está obrigado a segui-lo; se o segue, é por estar convencido de sua correção. (DIDIER, 2014, p. 396, v. 2).

[53] Um precedente, quando reiteradamente aplicado, se transforma em jurisprudência, que, se predominar em tribunal, pode dar ensejo à edição de um enunciado na súmula da jurisprudência deste tribunal. Assim, a súmula é o enunciado normativo (texto) da *ratio decidendi* (norma geral) de uma jurisprudência dominante, que é a reiteração de um precedente. (*Ibidem*, p. 403).

[54] §1º. A súmula terá por objetivo a validade, a interpretação e a eficácia de normas determinadas, acerca das quais haja controvérsia atual entre órgãos judiciários ou entre esses e a administração pública que acarrete grave insegurança jurídica e relevante multiplicação de processos sobre questão idêntica. BRASIL. *Constituição de 1988*. Emenda Constitucional nº 45, de 30 de dezembro de 2004. Altera dispositivos dos arts. 5º, 36, 52, 92, 93, 95, 98, 99, 102, 103, 104, 105, 107, 109, 111, 112, 114, 115, 125, 126, 127, 128, 129, 134 e168 da Constituição Federal e acrescenta os arts. 103-A, 103-B, 111-A e 130-A, e dá outras providências. Diário Oficial da União, DOU de 31/12/2004, p. 9.

geral e uniforme o objetivo das Súmulas Vinculantes, que devem se limitar a exposição direta, relativa a uma tese jurídica, visando a gerar sua pacificação jurisprudencial.[55]

Apresenta-se, ainda, como critério objetivo, expresso no art. 103-A da CR/88, que o STF poderá aprovar súmula com efeitos vinculantes após reiteradas decisões sobre matéria constitucional, podendo propor a aprovação, revisão ou cancelamento das súmulas os mesmos legitimados para a proposição de ação direta de inconstitucionalidade[56] e demais previstos no art. 3º da Lei nº 11.417/06.[57]

A criação, revisão e cancelamento de Súmula Vinculante, nos moldes insertos na previsão constitucional e na Lei nº 11.417/06, seguem procedimento próprio previsto nos artigos 354-A a 354-G do Regimento Interno do Supremo Tribunal Federal e não visam a declarar objetivamente, com efeitos diretos, sobre a constitucionalidade ou inconstitucionalidade de determinada lei ou ato normativo, como nas ações constitucionais próprias para tanto.

Projetam-se as Súmulas Vinculantes acentuadamente no contexto atual da Justiça Constitucional porque ao STF é permitido ir além das

---

[55] A súmula tem essa função: traduzir a resposta constitucionalmente adequada a uma determinada temática. (STRECK, Lenio Luiz. In: CANOTILHO, J. J. Gomes et al. Comentários à Constituição do Brasil. São Paulo: Saraiva/Almedina, 2013, p. 1.429).

[56] §2º. Sem prejuízo do que vier a ser estabelecido em lei, a aprovação, revisão ou cancelamento de súmula poderá ser provocada por aqueles que podem propor a ação direta de inconstitucionalidade. BRASIL. Constituição de 1988. Emenda Constitucional nº 45, de 30 de dezembro de 2004. Altera dispositivos dos arts. 5º, 36, 52, 92, 93, 95, 98, 99, 102, 103, 104, 105, 107, 109, 111, 112, 114, 115, 125, 126, 127, 128, 129, 134 e 168 da Constituição Federal e acrescenta os arts. 103-A, 103-B, 111-A e 130-A, e dá outras providências. Diário Oficial da União, DOU de 31/12/2004, p. 9.

[57] Art. 3º. São legitimados a propor a edição, a revisão ou o cancelamento de enunciado de súmula vinculante: I – o Presidente da República; II – a Mesa do Senado Federal; III – a Mesa da Câmara dos Deputados; IV – o Procurador-Geral da República; V – o Conselho Federal da Ordem dos Advogados do Brasil; VI – o Defensor Público-Geral da União; VII – partido político com representação no Congresso Nacional; VIII – confederação sindical ou entidade de classe de âmbito nacional; IX – a Mesa de Assembleia Legislativa ou da Câmara Legislativa do Distrito Federal; X – o Governador de Estado ou do Distrito Federal; XI – os Tribunais Superiores, os Tribunais de Justiça de Estados ou do Distrito Federal e Territórios, os Tribunais Regionais Federais, os Tribunais Regionais do Trabalho, os Tribunais Regionais Eleitorais e os Tribunais Militares. §1º. O município poderá propor, incidentalmente ao curso de processo em que seja parte, a edição, a revisão ou o cancelamento de enunciado de súmula vinculante, o que não autoriza a suspensão do processo. BRASIL. Lei Ordinária nº 11.417/06, de 19 de dezembro de 2006. Regulamenta o art. 103-A da Constituição Federal e altera a Lei nº 9.784, de 29 de janeiro de 1999, disciplinando a edição, a revisão e o cancelamento de enunciado de súmula vinculante pelo Supremo Tribunal Federal, e dá outras providências. Diário Oficial da União de 20/12/2006, p. 1.

atribuições até então previstas para o controle de constitucionalidade, autorizando a atuar, pelos meios próprios, como legislador positivo.

Contrariamente, em controle concentrado no caso de ADI, ADC e ADPF, o desfecho da ação se limita, basicamente, a declarar sobre a constitucionalidade ou não de determinada lei ou ato normativo, ou proceder à interpretação conforme a Constituição, desempenhando a clássica função de "legislador negativo",[58] sem haver a autorização de elaborar um texto para definir tal questão.

Em relação às Súmulas Vinculantes, a sua proposta,[59] apresentada por um dos legitimados, inaugura o processo no qual se irá discutir sua edição. O trâmite processual prevê a publicação de edital para manifestação de partes interessadas[60] e a participação do Procurador-Geral da República para, depois, ser discutida em plenário.[61]

Afere-se que a deliberação acerca do tema conta com restrita participação,[62] sendo o procedimento simplificado, no qual, depois de discutida a proposta e aprovada a redação, a Súmula Vinculante terá efeitos a partir de sua publicação.

A função criativa de editar normas por meio de textos é viabilizada ao STF por meio dos dispositivos constitucionais que instituíram as Súmulas Vinculantes. Uma nova feição ao Judiciário é percebida na

---

[58] A função estruturante será aquela destinada à manutenção da organização (estrutura) do ordenamento jurídico. Aqui se inclui a função de controle da constitucionalidade das leis. Nesse passo, anotou Kelsen, o Tribunal Constitucional seria apenas um legislador negativo, porque simplesmente anularia as leis editadas pelo Parlamento. (TAVARES, André Ramos. *Curso de Direito Constitucional*. 5. ed. São Paulo: Saraiva, 2007, p. 225).

[59] Art. 1º. Fica instituída nova classe processual, denominada Proposta de Súmula Vinculante, que corresponderá à sigla PSV, para o processamento de proposta de edição, revisão ou cancelamento de súmula vinculante, nos termos do art. 103-A da Constituição Federal e da Lei 11.417, de 2006. BRASIL. Supremo Tribunal Federal. *Regimento Interno do Supremo Tribunal Federal*. Resolução 381, de 29 de outubro de 2008. Estabelece procedimentos para a edição, a revisão e o cancelamento de súmulas vinculantes. Brasília: STF, 2014.1.

[60] Art. 354-B. Verificado o atendimento dos requisitos formais, a Secretaria Judiciária publicará edital no sítio do Tribunal e no Diário da Justiça Eletrônico, para ciência e manifestação de interessados no prazo de cinco dias, encaminhando a seguir os autos ao Procurador-Geral da República. BRASIL. Supremo Tribunal Federal. *Regimento Interno do Supremo Tribunal Federal*. Brasília: STF, 2014.1.

[61] Art. 354-D. Decorrido o prazo do art. 354-C, o Presidente submeterá a proposta à deliberação do Tribunal Pleno, mediante inclusão em pauta. BRASIL. Supremo Tribunal Federal. *Regimento Interno do Supremo Tribunal Federal*. Brasília: STF, 2014.1.

[62] A possibilidade de manifestação de interessados atende ao disposto no art. 3º, §2º, da Lei nº 11.417/2006, e tem por objetivo ampliar, no âmbito social, a discussão acerca do conteúdo da proposta, no intuito de conferir maior legitimidade democrática à normatização empreendida pela Suprema Corte. É mais um caso de intervenção de *amicus curiae*. (DIDIER JUNIOR, Fredie; BRAGA, Paula Sarno. OLIVEIRA, Rafael de Oliveira. *Curso de Direito Processual Civil*. 9. ed. Salvador: Juspodivm, 2014. V. 2, p. 414).

medida em que a edição de Súmula Vinculante encerra assuntos que demandam interpretação constitucional, vindo a suprir, por vezes, a carência legislativa.

A Justiça Constitucional aumenta substancialmente seu leque de atuação, pois, por meio da interpretação da Constituição, edita-se texto ao qual se atribui vinculação.

Nesse cenário, o STF, enquanto investido de características de Corte Constitucional,[63] desempenha papel de fundamental importância para o contexto da Justiça Constitucional, exercendo a ligação entre os preceitos da CR/88 e a realidade político-social,[64] considerando o sistema de controle de constitucionalidade brasileiro,[65] com o *plus* de, a partir de reiteradas decisões sobre determinado tema, mediante provocação ou de ofício, poder editar textos de cunho vinculante.

O sistema de controle de constitucionalidade brasileiro exercido pelo STF abarca o concentrado e o difuso, sendo cada qual oriundo de determinado contexto, com procedimentos e efeitos distintos, daí a

---

[63] Assim, para Lenio Streck, a saída para nossa histórica frustração constitucional e democrática seria a aposta na compreensão da Constituição como ordem concreta de valores e no seu guardião máximo, o Supremo Tribunal Federal, transfigurado em Corte Constitucional. Caberia, precipuamente, ao STF, o papel de uma espécie de regente em face da menoridade da nossa incipiente cidadania. A atuação da Corte seria de preencher o hiato entre Constituição formal e realidade político-social, deixado pela ação ou pela omissão dos demais Poderes da República e pela própria dinâmica de uma sociedade degrada e hipossuficiente, lançando mão de valores fundamentais, dentre eles, a dignidade humana. (CATTONI DE OLIVEIRA, Marcelo de Andrade. *In*: SOUZA CRUZ, Álvaro Ricardo. *Habermas e o Direito brasileiro*. Prefácio. 2. ed. Rio de Janeiro: Lumen Juris, 2008, p. XVI).

[64] É certo que o art. 102 diz que a ele compete, precipuamente, a guarda da Constituição. Mas não será fácil conciliar uma função típica de guarda dos valores constitucionais (pois, guardar a forma ou apenas tecnicamente é falsear a realidade constitucional) com sua função de julgar, mediante recurso extraordinário, as causas decididas em única ou ultima instância (base do critério de controle difuso), quando ocorrer uma das questões constitucionais enumeradas nas alíneas do inc. III do art. 102, que o mantém como tribunal de julgamento do caso concreto que sempre conduz à preferência pela decisão da lide, e não pelos valores da Constituição, como nossa história comprova. (SILVA, José Afonso da. *Curso de Direito Constitucional positivo*. 33. ed. rev. e atual. São Paulo: Malheiros Editores, 2009, p. 559).

[65] A discussão na Constituinte sobre a instituição de uma Corte Constitucional, que deveria ocupar-se, fundamentalmente, do controle de constitucionalidade, acabou por permitir que o Supremo Tribunal Federal não só mantivesse a sua competência tradicional, com algumas restrições, bem como adquirisse novas e significativas atribuições. A Constituição de 1988 ampliou significativamente a competência originária do Supremo Tribunal Federal, sobretudo em relação ao controle abstrato de normas e ao controle da omissão do legislador. (MENDES, Gilmar Ferreira. *Jurisdição constitucional*: o controle abstrato de normas no Brasil e na Alemanha. 6. ed. São Paulo: Saraiva, 2014, p. 70-71).

imprecisa denominação de sistema do controle de constitucionalidade misto.[66]

As funções jurisdicionais de tribunal comum exercidas pelo STF, resolvendo litígios concretos, foram atingidas principalmente pela reforma no Código de Processo Civil de 1973, trazida pela Lei nº 11.418/2006, que instituíra a repercussão geral como requisito de admissibilidade recursal,[67] com previsão constitucional introduzida pela EC 45/04.

Com o requisito de repercussão geral, estabeleceu-se que somente questões relevantes do ponto de vista econômico, político, social ou jurídico e que ultrapassem os interesses subjetivos da causa são merecedoras de análise pelo STF, considerados temas de repercussão geral.[68]

Com o advento da EC 45/04, instituiu-se maior abrangência às decisões do STF mesmo quando este pratica o controle difuso de constitucionalidade, pois vem reduzindo a sua competência à matéria constitucional, estando autorizado a editar Súmula Vinculante, a partir das decisões em controle concreto, que "deverá guardar estrita especificidade com o assunto tratado".[69]

---

[66] É preciso entender que o controle ou é concentrado ou é difuso. São modelos que não podem ser simplesmente conjugados entre si. Não se pode falar em modelo misto aqui. A mistura, união de ambos, é uma contradição, pois ou um grande número (eventualmente todos, como no Brasil) de órgãos judiciais pode fazer o controle, e ele será difuso, ou apenas um específico órgão (STF), caso em que será concentrado. Está, pois, incorreto, falar em modelo misto, sem maiores explicações. (...) Assim o STF, no Brasil, tanto realiza o controle abstrato-concentrado como o controle difuso-concreto. Por isso, pode-se dizer que, no Brasil, o modelo é combinado: só o STF (= controle concentrado) pode realizar controle abstrato (objetivo, em tese). E qualquer instância judicial (= difuso) pode fazer o controle de constitucionalidade para resolver adequadamente o caso concreto (que é a preocupação principal nesse modelo). (TAVARES, André Ramos. Curso de Direito Constitucional. 5. ed. São Paulo: Saraiva, 2007, p. 220).

[67] Trata-se de importante alteração nos requisitos de admissibilidade do recurso extraordinário, pois possibilita ao Supremo Tribunal Federal a análise da relevância constitucional da matéria, bem como do interesse público em discuti-la, na tentativa de afastá-la do julgamento de causas relevantes somente aos interessados particulares. (MORAES, Alexandre de. Constituição do Brasil interpretada e legislação constitucional. 6. ed. atualizada até a EC 52/06. São Paulo: Atlas, 2006, p. 1.520).

[68] §1º. Para efeito da repercussão geral, será considerada a existência, ou não, de questões relevantes do ponto de vista econômico, político, social ou jurídico, que ultrapassem os interesses subjetivos da causa. (Incluído pela Lei nº 11.418, de 2006). BRASIL. Lei 11.418, de 19 de dezembro de 2006. Acrescenta à Lei nº 5.869, de 11 de janeiro de 1973 – Código de Processo Civil, dispositivos que regulamentam o §3º do art. 102 da Constituição Federal. DOU de 20/12/2006, p. 2.

[69] Observe-se, porém, a partir da EC nº 45/04, nas questões constitucionais de repercussão geral, o Supremo Tribunal Federal, analisando incidentalmente a inconstitucionalidade de

Destaca-se, cada vez mais, o STF como guardião da Constituição, desenvolvendo-se esse conceito dado o caráter geral de cada decisão por ele proferida cujo conteúdo se revela uma leitura da Constituição no caso em análise. Ou seja, as decisões do STF possuem sempre alcance amplo dentro da jurisdição nacional.

Cria-se um novo aparato de controle de constitucionalidade por meio das Súmulas Vinculantes, que têm por finalidade atingir normas com entendimentos controvertidos entre órgãos judiciários, proporcionando segurança jurídica e evitando a multiplicação de processos sobre questão idêntica. Ou seja, dispondo-se em Súmula Vinculante que determinada norma é constitucional ou inconstitucional, antecipa-se o controle de constitucionalidade tanto na modalidade difusa quanto na concentrada.[70]

Interessante notar, nesse ponto, que a necessidade de resolução do Senado para suspender a eficácia de lei declarada inconstitucional em controle difuso de constitucionalidade, nos termos do art. 52, X, da CR/88,[71] perde força,[72] tendo em vista que o STF, por meio de Súmula Vinculante, pode estabelecer sua interpretação acerca do tema, impondo o efeito *erga omnes*, o que somente com a atuação do Senado seria possível.[73]

---

determinada lei ou ato normativo, poderá, imediatamente, e respeitados os requisitos do art. 103-A da Constituição Federal, editar Súmula Vinculante, que deverá guardar estrita especificidade com o assunto tratado, permitindo que se evite a demora na prestação jurisdicional em inúmeras e infrutíferas ações idênticas sobre o mesmo assunto. (MORAES, Alexandre de. *Direito Constitucional*. 26. ed. rev. e atual. São Paulo: Atlas, 2010, p. 726-727).

[70] Mais recentemente, com a criação da súmula vinculante, construiu-se uma ponte definitiva entre o controle difuso-concreto da constitucionalidade das leis e o controle abstrato-concentrado, já que as decisões proferidas no primeiro contexto poderão alcançar os efeitos próprios do segundo modelo, desde que sejam incorporados no enunciado de uma súmula vinculante. (TAVARES, André Ramos. *Curso de Direito Constitucional*. 5. ed. São Paulo: Saraiva, 2007, p. 274).

[71] Art. 52. Compete privativamente ao Senado Federal. X – suspender a execução, no todo ou em parte, de lei declarada inconstitucional por decisão definitiva do Supremo Tribunal Federal. BRASIL. *Constituição da República Federativa do Brasil de 1988*. DOU de 05/10/1988, p. 1.

[72] Não mais será necessária a aplicação do art. 52, X, da Constituição Federal – cuja efetividade, até hoje, sempre foi reduzidíssima – pois, declarando incidentalmente a inconstitucionalidade de lei ou ato normativo do Poder Público, o próprio Supremo Tribunal Federal poderá editar Súmula sobre a validade, a interpretação e a eficácia dessas normas, evitando que a questão controvertida continue a acarretar insegurança jurídica e multiplicidade de processos sobre questão idêntica. (MORAES, Alexandre de. *Direito constitucional*. 26. ed. rev. e atual. São Paulo: Atlas, 2010, p. 727).

[73] Uma providência que a reforma deveria terá adotado, porque racional, seria declarar, numa disposição simples, que leis e atos normativos perderiam a eficácia a partir do dia seguinte ao da publicidade da decisão definitiva que os tenha declarado inconstitucionais. Isso tanto

No que concerne ao controle concentrado, perde também espaço frente à edição de Súmula Vinculante que estabeleça a constitucionalidade ou inconstitucionalidade de determinada norma, quando se estenderá a todas de igual teor. Em várias Súmulas Vinculantes são percebidas tais condições, onde seu enunciado, descrevendo a constitucionalidade ou não de determinada norma, acaba por alcançar todas cujo teor seja o mesmo, sem ter se submetido à análise específica.

Sob tal aspecto, não se pode admitir ser uma modalidade de controle de constitucionalidade porque as Súmulas Vinculantes não decorrem do debate processual de um caso concreto, quando em controle difuso, ou da análise em abstrato, relativo ao controle concentrado.

O que se constata, e que torna a matéria peculiar, é o fato de o STF, após julgamentos em controle difuso ou concentrado de constitucionalidade, poder aplicar seus resultados, com base nas premissas de segurança jurídica e contenção à multiplicação de demandas, de forma textual e vinculante, atribuindo-se um formato de controle de constitucionalidade expansivo e elevando o papel do STF no contexto da Justiça Constitucional.

1.5 Precedentes e enunciados das Súmulas Vinculantes

Para uma coerente decisão acerca da aplicação do Direito por meio da atuação jurisdicional, Ronald Dworkin reconhece o desenvolvimento dos parâmetros normativos a serem utilizados pelos julgadores ao se depararem com situações em que o Direito deva ser construído por meio de uma leitura moral da Constituição, considerando os princípios que regem a comunidade, entendendo o Direito em integridade.

Nesse panorama, Dworkin defende que não se pode considerar margens para discricionariedade em uma decisão judicial e que para que a resposta certa para os casos difíceis no Direito seja desvendada, é necessário se proceder a uma leitura do Direito como integridade, considerando elementos históricos, políticos, sociais e jurídicos do

---

para a declaração de inconstitucionalidade em ação direta como na via incidental, dando, dessa forma, efeito vinculante *erga omnes* a essa declaração só por si, suprimindo-se, em consequência, o disposto no inc. X do art. 52 da Constituição. (SILVA, José Afonso da. *Curso de Direito Constitucional positivo*. 33. ed. rev. e atual. São Paulo: Malheiros Editores, 2009, p. 567).

passado, visando-se que a decisão seja a mais coerente possível com esse contexto.[74]

A sintonia fina entre caso concreto e todos esses elementos propiciará condições para que a sequência do Direito faça sentido, ou seja, a resposta correta para os *hard cases* será aquela que melhor traduza as pretensões normativas da comunidade em determinado momento. A decisão judicial que não segue a sequência a que se alude será, de certa forma, um ponto fora da história e que não fará parte da integridade do Direito.

As Súmulas Vinculantes, enquanto enunciados textuais, apresentam-se, no contexto de integridade, como elemento a ser considerado para a construção da decisão jurídica, formalizadas após reiteradas decisões no mesmo sentido, concebendo-se, de tal forma, como o resultado de precedentes.

Nesse ponto, o modelo do *civil law* se aproxima do *common law*. Sem a intenção de se aprofundar nos sistemas apontados, importante se consignar que o precedente (*stare decisis*),[75] advindo de decisão judicial sobre determinado tema (*leading case*), no formato do *common law*, é a fonte pela qual se norteia o julgador para decidir os demais casos de mesma natureza.

Nesse modelo, André Ramos Tavares explica que "a norma e o princípio jurídico são induzidos a partir da decisão judicial, porque esta não se ocupa senão da solução do caso concreto apresentado. O precedente haverá de ser seguido nas posteriores decisões, como paradigma".[76]

Percebe-se que o foco no *stare decisis* é a construção da decisão jurídica, em determinado caso concreto, contrapondo-se à abstração e

---

[74] A decisão jurídica precisa, hoje, assumir um duplo compromisso: precisa reafirmar seu compromisso com, por um lado, o sentido autêntico das convenções político-democráticas – as leis válidas – e das convenções jurídicas – as razões dos precedentes jurisprudenciais, e, por outro, reafirmar seu compromisso com o mundo prático – com os princípios morais, valores éticos, crenças religiosas, hábitos culturais etc. (SIMIONI, Rafael Lazzarotto. Decisão jurídica e autonomia do Direito: a legitimidade da decisão para além do constitucionalismo e democracia. *In*: FIGUEIREDO, Eduardo Henrique Lopes; MONACO, Gustavo Ferraz de Campos; MAGALHÃES, José Luiz Quadros de. *Constitucionalismo e democracia*. Rio de Janeiro: Elsevier, 2012, p. 155).

[75] A regra do precedente (ou *stare decisis*) se explica pelo adágio *stare decisiset non quieta movere*, isto é, continuar com as coisas decididas e não mover as "coisas quietas". (STRECK, Lenio Luiz; ABBOUD, Georges. *O que é isto*: o precedente judicial e as súmulas vinculantes? 2. ed. rev. atual. Porto Alegre: Livraria do Advogado, 2014, p. 33).

[76] TAVARES, André Ramos. *Curso de Direito Constitucional*. 5. ed. São Paulo: Saraiva, 2007, p. 361.

generalidade das normas preestabelecidas, figurando na ponta normativa a decisão, a qual será adotada como aplicável para os demais casos, pois se ocupou em construir a norma para aquela situação específica.

Já o modelo codificado (*civil law*) é basicamente formado pelas leis positivadas, formando-se premissas e conclusões baseadas na generalidade e abstração, cuja aplicação será realizada pelo juiz no caso concreto.

Infere-se dos dois modelos que a Súmula Vinculante guarda peculiaridades próprias de cada um,[77] inclusive quanto à forma de aplicação.[78] Considerando ser fruto da jurisprudência do STF, uma Súmula Vinculante pode se caracterizar como precedente proveniente de casos concretos (em controle difuso), sendo imposta no ordenamento jurídico por meio de enunciado, o qual se assemelha com o texto legal.[79] Não se trata de uma mistura dos dois modelos ou uma formatação de um novo modelo.[80] Somente se demonstra a aproximação entre eles na prática, mantendo-se seus preceitos e aplicabilidade em seus respectivos padrões.[81]

---

[77] Trata-se de introdução da figura do "precedente" jurisprudencial com caráter vinculativo, que se traduz pela obrigatoriedade de os tribunais e juízes adotarem a orientação do Supremo Tribunal Federal, sob pena de anulação da decisão. Essa característica, típica de ordenamentos jurídicos filiados à *common law*, como a Inglaterra e os Estados Unidos, nasce da necessidade de dar sistematicidade e coerência ao sistema jurídico. Assim, também os países de tradição romano-germânica desenvolveram mecanismos de vinculação orgânica entre a instância máxima de controle de constitucionalidade e os demais órgãos judiciários. (STRECK, Lenio Luiz. *In*: CANOTILHO, J. J. Gomes *et al*. *Comentários à Constituição do Brasil*. São Paulo: Saraiva/Almedina, 2013, p. 1.426).

[78] Precedentes são formados para resolver casos concretos e eventualmente influenciam decisões futuras; as súmulas, ao contrário, são enunciados "gerais e abstratos" – características presentes na lei – que são editados visando à "solução de casos futuros". (*Ibidem*, p. 1.427).

[79] O modelo do *common law* está fortemente centrado na primazia da decisão judicial (*judge-made law*). É, pois, um sistema nitidamente judicialista. Já o Direito codificado, como se sabe, está baseado, essencialmente, na lei. É, pois, um sistema normativista e não judicialista. (TAVARES, André Ramos. *Curso de Direito Constitucional*. 5. ed. São Paulo: Saraiva, 2007, p. 360).

[80] A EC nº 45/04 não adotou o clássico *stare decisis*, nem tampouco transformou nosso sistema de *civil law* em *common law*, porém permitiu ao Supremo Tribunal Federal de ofício ou por provocação, mediante decisão de dois terços dos seus membros, após reiteradas decisões sobre matéria constitucional, aprovar súmula que, a partir de sua publicação na imprensa oficial, terá efeito vinculante (...). (MORAES, Alexandre de. *Direito constitucional*. 26. ed. rev. e atual. São Paulo: Atlas, 2010, p. 796).

[81] Contudo, o distanciamento entre esses dois modelos teóricos, na prática, tem diminuído. Realmente, a jurisprudência tem seu papel mais ativo, atualmente, no Direito codificado, ao passo que nos países do Direito costumeiro, o precedente já não apresenta o mesmo rigor de outrora. É nesse contexto que se deve compreender a introdução, no sistema de Direito legislado brasileiro, da súmula vinculante. Teoricamente, pois, nada há que obste a possibilidade de extrair diretamente da jurisprudência o Direito de um país. Ademais, como

Tendo como base precedentes advindos da atividade típica jurisdicional, consubstanciando seu entendimento por meio de um texto, forma típica da atividade legislativa, as Súmulas Vinculantes são editadas a partir da vontade do STF em estabelecer vinculação decisória ou não sobre determinado tema.

A aplicação das Súmulas Vinculantes, tidas como a expressão representativa do protagonismo jurisprudencial exclusivo da Constituição exercido pelo STF, deve seguir os parâmetros de construção do Direito por meio de uma decisão judicial considerando os elementos constituidores de uma vontade da comunidade, o que se aproxima do modelo do *common law*.

Em complemento, o conceito de uma Súmula Vinculante, resumido em um enunciado, guarda identidade com o modelo do *civil law*, devendo ser considerado pelo juiz como mais um elemento de interpretação para a construção da decisão.[82]

Visualizando-se o tema dessa forma, a "vinculação" da Súmula Vinculante não se apresenta absoluta, uma vez que deverá ser submetida à análise de seu conceito em conjunto com os demais elementos do ordenamento jurídico para se estabelecer a aplicação ou não ao caso concreto, assim como em relação à interpretação de redação legal.

---

se observará, embora possa considerar-se o precedente do *common law* como a inspiração do modelo de súmula vinculante para o *civil law*, a verdade é que os institutos se dissociam em diversos pontos, apenas se podendo aproveitar a ideia-matriz de um na compreensão do outro. (TAVARES, André Ramos. *Curso de Direito Constitucional*. 5. ed. São Paulo: Saraiva, 2007, p. 361).

[82] (...) afinal, se é inexorável que alguém tenha que decidir e se é inexorável o crescimento das demandas por direitos (fundamentais-sociais, principalmente) e com isso aumente o espaço de poder da justiça constitucional, parece evidente que isso não pode vir a comprometer um dos pilares sustentadores do paradigma constitucionalista: a democracia. (STRECK, 2014, p. 65).

CAPÍTULO 2

A LEGITIMAÇÃO DEMOCRÁTICA DO PODER JUDICIÁRIO NO CONTEXTO DO NEOCONSTITUCIONALISMO

2.1 As influências interna e cruzada na Constituição da República de 1988

A criação de meios processuais para se suportar a crescente demanda a qual o Judiciário é submetido foi uma das principais preocupações da chamada "Reforma do Judiciário", inserida na Constituição pela Emenda Constitucional 45/04, que instituiu as Súmulas Vinculantes e que, diante do seu caráter obrigatório para os demais órgãos jurisdicionais e administração pública direta e indireta, robustecera o Poder Judiciário, o qual passou a ser, além do detentor da função precípua de analisar o caso concreto e aplicar o Direito, intérprete da norma com "função legislativa", tendo em vista a inegável carga normativa atribuída às súmulas aludidas.

As influências sentidas no contexto constitucional, causadas pela inserção dessa novidade institucional, acarretaram mudanças ainda não totalmente aclaradas, principalmente no contexto jurídico-processual, uma vez que detém agora o Supremo Tribunal Federal legitimidade para vincular todos os órgãos jurisdicionais e administrativos por meio de enunciados, o que se vislumbra agir com parcela da atividade legiferante.

A inserção de direitos individuais, sociais e de institutos jurídicos na Constituição, e ainda alterações na atuação dos poderes estatais, acarreta impacto e consequências na estrutura jurídico-político-social, sobrelevando a atuação de um poder sobre os demais, sofrendo as instituições e organização de poderes as chamadas influências interna e cruzada.

Devem, assim, a Constituição e o próprio Direito,[83] adequar-se às constantes mudanças que refletem as necessidades sociais. As alterações introduzidas na Constituição em virtude dessa necessidade podem acarretar influências em outros setores do ordenamento constitucional.

O conceito das influências interna e cruzada é apresentado por Roberto Gargarella,[84] partindo do pressuposto de que a organização do ordenamento constitucional possui uma parte dogmática, que irá tratar dos direitos e garantias dos indivíduos e estabelecer meios para seu exercício, e outra orgânica, a qual cuida da organização do poder.

Trata-se de polos distintos dentro da estrutura constitucional, tendo em vista que a parte dogmática e a orgânica estabelecem uma tensão de equilíbrio entre o poder, devendo-se entender o Estado como responsável pela organização política (estrutura orgânica) e pela implementação de direitos individuais e sociais, que podem ser concebidos pela exigência de prestações positivas e negativas (estrutura dogmática). Sob tal visão, Gargarella identifica as influências internas e cruzadas ocorridas na Constituição.

A influência interna se verifica na hipótese de uma alteração na parte orgânica da Constituição ter como consequência um reflexo de tensão entre instituições ou a proeminência de um poder sobre os demais, ou ainda de um órgão sobre outro. Uma mudança na seção de organização dos poderes impacta em suas estruturas, causando interferência entre suas funções.

À influência interna, como impacto da reforma produzida em seção constitucional dedicada à organização dos poderes, pode-se atribuir as seguintes características: (i) preocupação com a forma pela qual a reforma irá interagir com as demais instituições constitucionais já

---

[83] O Direito é uma realidade dinâmica, que está em perpétuo movimento, acompanhando as relações humanas, modificando-as, adaptando-as às novas exigências e necessidades da vida, inserindo-se na história, brotando do contexto cultural. A evolução da vida social traz em si novos fatos e conflitos de modo que os legisladores, diariamente, passam a elaborar novas leis; juízes e tribunais de forma constante estabelecem novos precedentes e os próprios valores sofrem mutações, devido ao grande e peculiar dinamismo da vida. (DINIZ, Maria Helena. *Curso de Direito Civil brasileiro*: teoria geral do Direito Civil. 29. ed. São Paulo: Saraiva, 2012. V. I, p. 83).

[84] GARGARELLA, 2013. p. 51.

instaladas; (ii) o conflito do poder de decisão afetado entre instituições; (iii) resistência das instituições já existentes e afetadas.[85]

Assim, pode-se tomar como exemplo a discussão geradora de protestos em todo o país no ano de 2013 contra a PEC 37/11, que visava a conter as atribuições do Ministério Público em investigações criminais. A medida propunha o esgotamento do Ministério Público em matéria investigativa, o que acarretaria um relevo às polícias civil e federal, instituições com atribuição específica para tanto.

De um lado, a polícia judiciária busca seu reconhecimento constitucional; de outro, o Ministério Público se posiciona contra considerando seus deveres institucionais. Tal cenário caracteriza as tensões descritas, relativo à influência interna. A referida PEC foi votada pelo plenário da Câmara dos Deputados no dia 25 de junho de 2013, sendo rejeitada por ampla maioria.[86]

Citando outro exemplo de influência interna, a criação do Conselho Nacional de Justiça pela EC 45/04 teve como consequência uma tensão interna causada pela disputa de competência entre o conselho instituído e os tribunais, fazendo nascer discussão sobre qual deles teria competência para processar e julgar administrativamente servidores e magistrados.

A influência cruzada, por sua vez, traduz-se na maneira como uma reforma introduzida em determinada seção do ordenamento constitucional (uma reforma na área de direitos ou uma reforma na área da organização do poder) impacta na seção contrária. Mais pontualmente, busca-se a verificação da influência que a reforma nas seções sobre direitos individuais, coletivos e sociais exercem ou podem exercer sobre a seção dedicada à organização dos poderes.

No início do século XX, a concepção de Estado Social ganhou vulto, em um cenário de prestações positivas, deixando para trás a visão de Estado Liberal não intervencionista. A nova forma de atuação do Estado, com seus contornos políticos, levou ao reconhecimento de direitos individuais, sociais, econômicos e culturais, inserindo tais

---

[85] *Ibidem*, p. 52.
[86] BRASIL. Congresso Nacional. Câmara do Deputados. Sessão Extraordinária, 25 de junho de 2013 (20:02), PEC 37/2011 Autor: Lourival Mendes. Ementa: Acrescenta o §10 ao art. 144 da Constituição Federal para definir a competência para a investigação criminal pelas polícias federal e civis dos Estados e do Distrito Federal. (...) Rejeitada: a Proposta de Emenda à Constituição nº 37 de 2011. Sim: 9; não: 430; abstenção: 2; total: 441. Disponível em: https://www.camara.leg.br/proposicoesWeb/fichadetramitacao?idProposicao=507965. Acesso em: 4 dez. 2023.

conquistas no texto constitucional. Ou seja, referidos direitos ganharam a garantia da prestação, sendo que sua inobservância poderia ser buscada pelos meios judiciais para efetivação dos direitos estabelecidos.[87]

A expansão da lista de direitos trouxe a caracterização da influência cruzada na estrutura orgânica do Estado. Enquanto direitos são estabelecidos aos indivíduos, mas não efetivados ou não regulamentados a ponto de viabilizar seu exercício, ocorre certo deslocamento de poder.

Nesse diapasão, ao se introduzir novos direitos sociais, sobreleva-se a atuação do Judiciário.[88] Nas palavras de Roberto Gargarella, "todo fortalecimento da seção de direitos implicará, a princípio, uma transferência de poder para o Judiciário".[89]

A influência cruzada estabelece um incremento na atuação do Poder Judiciário, implicando que o efeito secundário da previsão de garantias que visem a beneficiar as camadas populares, ampliando-se a seção de direitos, será um aumento na dimensão de alcance do Judiciário.

Em virtude dessa atuação cada vez mais expandida do Poder Judiciário, grande discussão se desenvolve acerca da judicialização de determinados temas sobre os quais não há produção legislativa, ou esta é incompleta (entende-se por aquela sem regulamentação) ou é inadequada (quando a norma positivada não abarca a situação concreta posta em juízo).

Dierle José Coelho Nunes destaca que:

> A judicialização corporifica um 'coroamento' de um movimento de reforço do papel do Judiciário que perpassou toda a fase autonomista de estudo do Direito Processual, devido à incapacidade das instituições

---

[87] Disso resulta que, caso não se queira um poder legislativo e administrativo sem freios, o poder de "terceiro ramo" deve assumir uma expansão com a mesma medida daquela dos outros poderes. O Judiciário, em suma, deve, por sua vez, tornar-se o "terceiro gigante" na cosmogonia do Estado Social Moderno. (CAPPELLETTI, Mauro. *Processo, ideologias e sociedade*. Tradução e notas do Prof. Dr. Elício de Cresci Sobrinho. Porto Alegre: Sérgio Antônio Fabris Editor, 2008. p. 10).

[88] En segundo lugar, la adopción de más y más derechos constitucionales tiene un obvio impacto (también) sobre el área de la Constitución no referida a los derechos, es decir, en relación con la amplia parte que la Constitución destina a la organización del poder (su parte 'orgánica'). En este sentido, podría decirse que la introducción de mayores derechos tiende a expandir el poder de los órganos judiciales, que aparecen como los principales encargados de custodiar los derechos incorporados en la Constitución. (GARGARELLA, Roberto. Pensando sobre la reforma constitucional en América Latina. *In*: GARAVITO, C. R. *El derecho en América Latina* – un mapa para el pensamiento jurídico del siglo XXI. 1. ed. Buenos Aires: Siglo Veintiuno Editores, 2011, p. 97).

[89] *Idem*, 2013, p. 55.

estatais majoritárias de dar provimento às demandas sociais e à consequente busca destas perante o 'Estado-juiz'.[90]

A definição de judicialização se traduz em transferência de poder para os juízes e tribunais, característica que se refere à influência cruzada. Por seu turno, dentro da percepção dos conceitos de influência interna, tem-se que a introdução das Súmulas Vinculantes no ordenamento jurídico brasileiro por meio da Emenda Constitucional 45/04 amoldou nova feição ao Poder Judiciário, tendo em vista o teor normativo que carrega uma súmula dessa natureza. Salienta-se que essa nova dimensão do Judiciário, percebida na atualidade, é reflexo do modelo constitucional estabelecido democraticamente.

Portanto, a judicialização é decorrência do aparato jurídico-constitucional. Como exemplo, a inserção do princípio da duração razoável do processo ao texto constitucional e os instrumentos processuais para sua aplicação se encontram atualmente em evidência, haja vista o desafio da devida prestação jurisdicional em um trâmite processual regular, preciso e que deve ser célere. Essa é a vontade do constituinte, que introduziu meios processuais para a atuação do Judiciário.

A nova ordem jurídica, estabelecida pela reforma da EC 45/04, introduziu formas de condução e definição das demandas com fundamento na celeridade, segurança jurídica e efetividade dos entendimentos jurisprudenciais dos tribunais superiores. Nesse ponto, observa-se a influência cruzada que beneficia, mais uma vez, o engrandecimento do Poder Judiciário, pois, o princípio da celeridade, por exemplo, garantia fundamental inserida no rol do art. 5º da CR/88,[91] serve de fundamento para a vinculação dos demais órgãos judiciários às decisões do STF, quando a estas a lei atribuir tal força.

As Súmulas Vinculantes, suas implicações nas ações judiciais, o efeito de vinculação às decisões proferidas em ADI, ADC e ADPF, e

---

[90] NUNES, Dierle José Coelho. Fundamentos e dilemas para o sistema processual brasileiro: uma abordagem da litigância de interesse público a partir do processualismo constitucional democrático. *In*: QUADROS DE MAGALHÃES, José Luiz. *Constitucionalismo e democracia*. Rio de Janeiro: Elsevier, 2012, p. 181.

[91] Art. 5º, LXXVIII. A todos, no âmbito judicial e administrativo, são assegurados a razoável duração do processo e os meios que garantam a celeridade de sua tramitação. BRASIL. *Constituição de 1988*. Emenda Constitucional nº 45, de 30 de dezembro de 2004. Altera dispositivos dos arts. 5º, 36, 52, 92, 93, 95, 98, 99, 102, 103, 104, 105, 107, 109, 111, 112, 114, 115, 125, 126, 127, 128, 129, 134 e 168 da Constituição Federal e acrescenta os arts. 103-A, 103-B, 111-A e 130-A, e dá outras providências. Diário Oficial da União, DOU de 31/12/2004, p. 9.

os modelos de controle de constitucionalidade difuso e concentrado, proporcionam ao Poder Judiciário autonomia de intepretação (e aplicação) normativa que servirá de suporte para as decisões referentes às tensões existentes na sociedade.[92]

As constantes alterações das relações sociais[93] exigem do poder estatal regulamentação acerca das disfunções decorrentes dessas interações para aprimorar o convívio social. A velocidade das mudanças culturais e a aceitação de novos padrões e conceitos diversos acarretam a constante apreciação pelos poderes públicos de tais situações tanto no plano político, quanto no plano jurídico.

A carência na atuação de qualquer das funções estatais leva à proeminência de outra. Tal ocorrência hoje se verifica da deficitária atuação dos poderes incumbidos de desenvolver, e efetivamente impor, uma estrutura política, administrativa e normativa que supra a necessidade da sociedade. A ineficiente atuação dos poderes de competência legislativa e administrativa faz com que a tarefa de suprir referida necessidade social seja exercida pelo Poder Judiciário, que atua segundo o ordenamento jurídico.[94]

Ocorre que ao se garantir direitos sociais, o intuito primordial de se fortalecer o poder popular em face do poder estatal não é o que

---

[92] Referido como híbrido ou eclético, ele combina aspectos de dois sistemas diversos: o americano e o europeu. Assim, desde o início da República, adota-se entre nós a fórmula americana de controle incidental e difuso, pelo qual qualquer juiz ou tribunal pode deixar de aplicar uma lei em um caso concreto que lhe tenha sido submetido, caso a considere inconstitucional. Por outro lado, trouxemos do modelo europeu o controle por ação direta, que permite que determinadas matérias sejam levadas em tese e imediatamente ao Supremo Tribunal Federal. A tudo isso se soma o direito de propositura amplo, previsto no art. 103, pelo qual inúmeros órgãos, bem como entidades públicas e privadas – as sociedades de classe de âmbito nacional e as confederações sindicais – podem ajuizar ações diretas. Nesse cenário, quase qualquer questão política ou moralmente relevante pode ser alçada ao STF" (BARROSO, 2012, p. 4).

[93] A realidade social é uma construção dinâmica, hermenêutica, histórica, social, da qual o Direito faz parte. O Direito não está pairando estaticamente sobre uma sociedade estática. E, como tal, deve lidar, inclusive, com o risco próprio a ele mesmo de ser descumprido a todo e qualquer momento". (CATTONI DE OLIVEIRA, Marcelo de Andrade. *In*: SOUZA CRUZ, Álvaro Ricardo. *Habermas e o Direito Brasileiro*. Prefácio. 2. ed. Rio de Janeiro: Lumen Juris, 2008, p. XVI).

[94] Ao lado do gigantismo – tradicional – da Presidência da República sobre o Legislativo (e da União sobre os demais entes), temos assistido recentemente o crescimento do Judiciário como *player* do jogo político, exigindo, em face do Executivo, o cumprimento de políticas aprovadas no Parlamento/Administração Pública e, em face do Legislativo, a regulamentação de dispositivos da Constituição (quando não, ele mesmo, Judiciário, tratando de provisória ou definitivamente fazê-lo). (BAHIA, Alexandre Gustavo Melo Franco. Fundamentos de teoria da constituição: a dinâmica constitucional no Estado Democrático de Direito brasileiro. *In*: *Constitucionalismo e democracia*. Rio de Janeiro: Elsevier, 2012, p. 101-102).

mais se impacta no sentido funcional. O que se verifica de fato é que a atuação do Poder Judiciário aumenta à medida que os direitos são previstos, mas não regularmente cumpridos, pois é o órgão incumbido de dar interpretação e efetividade às normas quando não observadas.

A contradição que se instala é que a intenção de se prestigiar a camada popular, prevendo-se expressamente suas garantias e direitos, não é verdadeiramente concretizada, por falta de atuação administrativa para tanto, e o que se engrandece é a força da atuação jurisdicional.

Interessante ainda anotar que o Judiciário é o poder mais distante da participação do povo, por não haver espaço para uma participação democrática para a formação da decisão. Ou seja, o que se conclui é que a conquista dos direitos sociais e a inserção de garantias na Constituição, em vez de conceder autonomia e liberdade às camadas menos favorecidas da sociedade por meio de efetividade de políticas públicas, sobreleva a atuação do Judiciário, o poder de menor participação popular, uma vez que, praticamente, referidas camadas não opinam nas decisões tomadas pelos órgãos jurisdicionais.[95]

Nesse ponto crucial para a verificação das influências interna e cruzada surgidas pela normatização estrutural constitucional, a qual, dentro da ótica ora proposta, fortalece a atuação do Judiciário, é que cabe a análise da aplicação das Súmulas Vinculantes em relação aos demais órgãos jurisdicionais e à Administração Pública, conforme disposto na própria Constituição da República de 1988, devido aos seus efeitos impositivos.

Ou seja, verifica-se a influência interna causada pelo instituto das Súmulas Vinculantes, uma vez que sua previsão constitucional afetou a organização dos poderes; e também a influência cruzada, tendo em vista que direitos previstos na Constituição, quando não devidamente abordados pelo sistema legal, poderão vir a ser regulamentados por meio de Súmulas Vinculantes.

---

[95] (...) se a decisão que gera o precedente é construída em procedimento judicial que transcorre em contraditório, que se dá com a participação cooperativa e dialógica das partes, o mesmo não se pode dizer, segundo Marinoni, do enunciado de súmula. O procedimento de edição de um enunciado da súmula não conta com a presença democrática e legitimadora das partes que figuraram nos processos em que fora inicialmente concebida a razão jurídica ali sintetizada. (DIDIER JUNIOR, Fredie; BRAGA, Paula Sarno. OLIVEIRA, Rafael de Oliveira. *Curso de Direito Processual Civil*. 9. ed. Salvador: Juspodivm, 2014. V. 2, p. 404).

2.2 Reflexos da judicialização e do ativismo judicial

Se em determinado momento histórico, ainda que com intenção meramente simbólica,[96] primou-se pela ampliação dos direitos sociais, com a priorização da garantia das prestações positivas pelo Estado, o que acarretou a proeminência do Poder Judiciário em relação às decisões sobre questões que deveriam ser tratadas no âmbito administrativo, notam-se movimentações que visam a limitar tal atuação, já que seria inútil tentar conter a perseguição à ampliação de direitos e garantias populares, uma vez que sempre existirá necessidade de implementação de novos direitos.

Ou seja, a tentativa de limitar a abrangência da atuação judiciária é uma reação dos Poderes Legislativo e Executivo contra a influência cruzada causada pela inserção de direitos sociais na Constituição que tornou a atuação jurisdicional capaz de concretizar a satisfação desses direitos ao povo.

Exemplo importante desse lado avesso da influência cruzada é a PEC 33/11, a qual tramitara na Câmara dos Deputados, sendo arquivada no ano de 2015 sem ser submetida à votação pelos parlamentares. Aludida PEC visava a limitar a atuação dos tribunais em ações diretas de inconstitucionalidade, em ações declaratórias de constitucionalidade e na edição de Súmulas Vinculantes pelo STF.

A proposta de emenda constitucional buscava, conforme descrição em seu preâmbulo, entre outras medidas, alterar a quantidade mínima de votos de membros de tribunais para a declaração de inconstitucionalidade de leis, condicionar o efeito vinculante de súmulas aprovadas pelo Supremo Tribunal Federal à aprovação pelo Poder Legislativo e submeter ao Congresso Nacional a decisão sobre a inconstitucionalidade de emendas à Constituição.

A intenção do constituinte derivado era limitar a atuação do Judiciário em controle concentrado de constitucionalidade sobre matérias de feições legislativas. Tratam-se de reformas que alteram substancialmente a estrutura orgânica da Constituição e que inevitavelmente acarretam tensão entre instituições detentoras de prerrogativas e atribuições institucionais.

Ou seja, o que se depreende da proposta referida é que se trata de um "levante" do Poder Legislativo contra a conjuntura de controle de

---

[96] NEVES, Marcelo. *A constitucionalização simbólica*. 3. ed. Brasil: Saraiva, 2011.

constitucionalidade instituída pela Constituição, buscando-se mitigar o atual alcance da atuação jurisdicional do STF, pois intenciona submeter as decisões da corte ao crivo do Legislativo.

Pode-se afirmar que se verifica, nesse contexto, o reverso da influência cruzada, entendido como a reação dos Poderes Legislativo e Executivo contra a judicialização de questões relacionadas a políticas públicas e contra o ativismo judicial em relação a matérias sem a devida regulamentação legislativa.[97]

Ocorre que a judicialização e o ativismo judicial encontram campo fértil amparado no chamado neoconstitucionalismo[98] que estabeleceu novas características ao Judiciário, conforme diretrizes extraídas da própria Constituição da República de 1988 e do ordenamento jurídico brasileiro.[99]

O princípio da vedação do *non liquet*[100] garante ao magistrado a possibilidade de chegar a uma conclusão ao caso concreto, ainda que não haja regulamentação específica da matéria em análise, viabilizando a aplicação dos princípios gerais do Direito,[101] para que se alcance a melhor solução jurídica.

---

[97] (...) é a hipótese do ativismo judicial que implica sempre em uma atuação que colaciona um desequilíbrio no sistema democrático constitucional. (SILVA, 2013, p.147).

[98] O termo identifica, em linhas gerais, o constitucionalismo democrático do pós-guerra, desenvolvido em uma cultura filosófica pós-positivista, marcado pela força normativa da Constituição, pela expansão da jurisdição constitucional e por uma nova hermenêutica. (BARROSO, 2013, p. 288-289).

[99] É no regime da atual Constituição que os ramos do Direito, pela primeira vez no Brasil, foram "contaminados" pelas normas constitucionais, o que é conhecido genericamente como *neoconstitucionalismo*. Assim, a interpretação/aplicação do Direito se tornou mais complexa, como dissemos, passando de uma compreensão "silogística" de regras para fórmulas complexas que trabalham com princípios (...). (BAHIA, Alexandre Gustavo Melo Franco. Fundamentos de teoria da constituição: a dinâmica constitucional no Estado Democrático de Direito brasileiro. *In*: *Constitucionalismo e democracia*. Rio de Janeiro: Elsevier, 2012, p. 121).

[100] Art. 4º. Quando a lei for omissa, o juiz decidirá o caso de acordo com a analogia, os costumes e os princípios gerais de direito. BRASIL. Decreto-Lei nº 4.657, de 4 de setembro de 1942. Lei de Introdução às Normas do Direito Brasileiro Diário Oficial da União, Brasília, DF, DO de 09/09/1942, p. 1.

[101] Nesta abertura constitucional ao mundo dos valores, os princípios desempenham papel primordial. Aliás, a doutrina vem reconhecendo que a principal característica do paradigma pós-positivista, hoje vigente no Direito, é o reconhecimento do papel central dos princípios, que, na lição de Paulo Bonavides, foram "convertidos em pedestal normativo sobre o qual assenta todo o edifício jurídico dos novos sistemas constitucionais. De meros instrumentos de integração do direito, invocáveis apenas nos casos de lacuna – concepção ultrapassada adotada, por exemplo, no art. 4º da nossa Lei de introdução ao Código Civil – passam os princípios a ser concebidos como normas revestidas de eficácia jurídica, conquanto de natureza qualitativamente distinta das regras jurídicas. (SARMENTO. Daniel. A dimensão objetiva dos direitos fundamentais: fragmentos de uma teoria. *In*: SAMPAIO, José Adércio

O extenso rol de direitos previstos na Constituição da República de 1988, seus princípios explícitos e implícitos e demais garantias individuais e sociais, somados ao princípio da proibição do *non liquet* e aos conceitos neoconstitucionalistas[102] de interpretação e aplicação da Constituição, remoldam a atuação jurisdicional.

Não se furtando de recordar que todas inserções normativas foram obra do constituinte, sendo que as consequências daí provêm, destaca-se que o exercício jurisdicional sofre uma mudança de conceito, passando de mero aplicador da lei a órgão responsável pela efetividade dos preceitos constitucionais assumidos como normas,[103] partindo-se do pressuposto de que a estrutura jurídica não pode aceitar a existência de matérias que não possam ser solucionadas por esse sistema.

Pontifica Rafael Lazzarotto Simioni:

> A jurisdição, hoje, depara-se com muita frequência sobre matérias que precisam de uma regulação que só pode ser construída no caso concreto. Há uma crescente necessidade de constituição do Direito para situações concretas, não previstas *ex ante* pelo legislador. Nesses casos, a jurisdição tem que, inevitavelmente, concretizar e desenvolver o Direito.[104]

Pode-se dizer que, por meio do sistema jurídico, sempre deverá existir uma sintonia fina entre o caso proposto e a estrutura normativa na qual se baseará o direito a ser desenvolvido e declarado na decisão.

Leite. *Jurisdição constitucional e os direitos fundamentais*. Belo Horizonte: Del Rey, 2003, p. 275).

[102] Se a lei passa a se subordinar aos princípios constitucionais de justiça e aos direitos fundamentais, a tarefa da doutrina deixa de ser a de simplesmente descrever a lei. Cabe agora ao jurista, seja qual for a área da sua especialidade, em primeiro lugar compreender a lei à luz dos princípios constitucionais e dos direitos fundamentais. Essa compreensão crítica já é uma tarefa de concretização, pois a lei não é mais objeto, porém componente que vai levar à construção de uma nova norma, vista não como texto legal, mas sim como o significado da sua interpretação e, nesse sentido, como um novo ou outro objeto. (MARINONI, Luiz Guilherme. *A jurisdição no Estado Constitucional*. São Paulo: RT, 2007, p. 47).

[103] O juiz não é aplicador mecânico das regras legais, mas um verdadeiro criador de direito vivo. (MONTORO, André Franco. *Introdução à ciência do Direito*. 25. ed. São Paulo: Editora Revista dos Tribunais, 1999, p. 353).

[104] SIMIONI, Rafael Lazzarotto. *Direito e racionalidade comunicativa*. Curitiba: Juruá, 2007, p. 215.

2.3 As Súmulas Vinculantes como preenchimento de lacuna legal

A judicialização de matérias sobre as quais o Legislativo deveria dispor pode gerar insegurança nas relações jurídicas, uma vez que poderão surgir entendimentos conflitantes entre juízes e tribunais acerca de assuntos iguais. A necessidade proeminente de se uniformizar o entendimento jurídico, no que concerne a temas conflitantes que atingem inúmeras pessoas, faz com que a discussão da matéria pelo viés político seja substituída pela atuação jurisdicional como comando de aplicação de preceitos constitucionais.

O sistema processual brasileiro dispõe de instrumentos que, além de visar a celeridade do processo, têm por objetivo evitar as distorções ocorridas entre decisões judiciais. Podem-se traçar, como exemplo, os institutos processuais de uniformização de jurisprudência, regime dos recursos repetitivos (art. 1.036 do CPC/2015),[105] efeitos vinculantes em ADI, ADC e ADPF, além de desenvolvimento jurisprudencial do Supremo Tribunal Federal de interpretação da Constituição como, por exemplo, a "mutação constitucional"[106] e a "inconstitucionalidade progressiva"[107] que, muitas vezes, levam para o Judiciário questões que seriam de caráter e competência político-administrativas.

---

[105] Art. 1.036. Sempre que houver multiplicidade de recursos extraordinários ou especiais com fundamento em idêntica questão de direito, haverá afetação para julgamento de acordo com as disposições desta Subseção, observado o disposto no Regimento Interno do Supremo Tribunal Federal e no do Superior Tribunal de Justiça. BRASIL. *Lei nº 13.105/2015*. Código de Processo Civil. DOU de 16/03/2015, p. 1.

[106] No poder de interpretar a Lei Fundamental, reside a prerrogativa extraordinária de (re)formulá-la, eis que a interpretação judicial acha-se compreendida entre os processos informais de mutação constitucional, a significar, portanto, que "A Constituição está em elaboração permanente nos tribunais incumbidos de aplicá-la". Doutrina. Precedentes. A interpretação constitucional derivada das decisões proferidas pelo Supremo Tribunal Federal – a quem se atribuiu a função eminente de "guarda da Constituição" (CF, art. 102, *caput*) – assume papel de fundamental importância na organização institucional do Estado brasileiro, a justificar o reconhecimento de que o modelo político-jurídico vigente em nosso País conferiu, à Suprema Corte, a singular prerrogativa de dispor do monopólio da última palavra em tema de exegese das normas inscritas no texto da Lei Fundamental. BRASIL. Supremo Tribunal Federal. (MS 26.603, Relator: Min. Celso de Mello, Tribunal Pleno, Julgado em 04/10/2007, DJe 241. Divulg. 18/12/2008. Public. 19/12/2008. Ement Vol-02346-02 Pp-00318).

[107] Legitimidade – Ação *Ex Delicto* – Ministério Público – Defensoria Pública – Artigo 68 do Código de Processo Penal – Carta da República de 1988. A teor do disposto no artigo 134 da Constituição Federal, cabe à Defensoria Pública, instituição essencial à função jurisdicional do Estado, a orientação e a defesa, em todos os graus, dos necessitados, na forma do artigo 5º, LXXIV, da Carta, estando restrita a atuação do Ministério Público, no campo dos interesses sociais e individuais, àqueles indisponíveis (parte final do artigo 127

A existência dos descritos institutos serve para estabelecer um padrão à atuação jurisdicional perante a carência na atuação normativa de assuntos sobre os quais os Poderes Legislativo e Executivo deixam uma lacuna injustificada.[108]

Referidos instrumentos jurídicos acarretam críticas em relação à atividade do Judiciário no que tange às decisões que possam se caracterizar como contramajoritárias.[109] No entanto, considerando a sua função primordial (julgar), toda e qualquer decisão jurisdicional certamente pode vir a ter tal característica.[110]

Mesmo com uma formação ideológica constitucional democrática, a qual é fundamento para a crítica mencionada, ao se introduzir o procedimento das súmulas com efeito vinculante para todos os demais

---

da Constituição Federal). Inconstitucionalidade Progressiva – Viabilização do Exercício de Direito Assegurado Constitucionalmente – Assistência Jurídica e Judiciária dos Necessitados – Subsistência Temporária da Legitimação do Ministério Público. Ao Estado, no que assegurado constitucionalmente certo direito, cumpre viabilizar o respectivo exercício. Enquanto não criada por lei, organizada – e, portanto, preenchidos os cargos próprios, na unidade da Federação – a Defensoria Pública, permanece em vigor o artigo 68 do Código de Processo Penal, estando o Ministério Público legitimado para a ação de ressarcimento nele prevista. Irrelevância de a assistência vir sendo prestada por órgão da Procuradoria Geral do Estado, em face de não lhe competir, constitucionalmente, a defesa daqueles que não possam demandar, contratando diretamente profissional da advocacia, sem prejuízo do próprio sustento. BRASIL. Supremo Tribunal Federal. (RE 135.328, Relator: Min. Marco Aurélio, Tribunal Pleno, Julgado em 29/06/1994, DJ 20/04/2001 PP-00137 Ement Vol-02027-06 Pp-01164 Rtj Vol-00177-02 Pp-00879).

[108] À jurisdição é cobrado exercer essa função de proteção daqueles que não conseguem ser ouvidos nas arenas institucionais majoritárias (notadamente o Parlamento). Minorias devem poder buscar amparo no Judiciário para se evitar o descumprimento da Constituição frente a maiorias (eventuais). Caso não haja esse mecanismo, a "democracia" (vontade da maioria) se transforma em "ditadura da maioria". Isso não retira o papel e a responsabilidade do Legislativo/Executivo. Ao contrário, revela que estes não têm conseguido dar respostas a contento às demandas. A judicialização de questões que de outra forma não seriam tratadas (ou decididas) pelo Estado-legislador/administrador apenas mostra que estes não têm atuado de forma adequada. (NUNES, Dierle José Coelho. Fundamentos e dilemas para o sistema processual brasileiro: uma abordagem da litigância de interesse público a partir do processualismo constitucional democrático. *In*: QUADROS DE MAGALHÃES, José Luiz. *Constitucionalismo e democracia*. Rio de Janeiro: Elsevier, 2012, p. 112-113).

[109] (...) em regra é o Poder Judiciário – e não o Legislativo – que exerce um papel contramajoritário e protetivo de especialíssima importância, exatamente por não ser compromissado com as maiorias votantes, mas apenas com a lei e com a Constituição, sempre em vista a proteção dos direitos humanos fundamentais, sejam eles das minorias, sejam das maiorias. BRASIL. Superior Tribunal de Justiça. 4ª T., Recurso Especial 1.183.378-RS, Min. Rel. Luis Felipe Salomão, DJe 27/10/2011.

[110] Porém, desta se extrai a importante constatação de que a concepção ultrapassada da Jurisdição como atividade que promove tão somente a resolução de conflitos se viu provocada a assumir um papel garantista de direitos fundamentais implementador de espaços contramajoritários para minorias que não obtinham voz nas arenas políticas institucionalizadas. (NUNES, *op. cit.*, p. 166-167).

órgãos judiciários e administração pública, pode-se dizer que o legislador propiciou ao Poder Judiciário certa autonomia para legislar em matérias não deliberadas pelo Legislativo.

Tanto é assim que as Súmulas Vinculantes não atingem o Poder Legislativo, em qualquer esfera da federação. O art. 103-A[111] da Constituição da República de 1988 exclui o Poder Legislativo do efeito vinculante característico das Súmulas Vinculantes, descrevendo-se que se aplica somente aos órgãos do Poder Judiciário e à Administração Pública Direta e Indireta.

A razão do não-alcance ao legislador se justifica pela prevenção à chamada fossilização legislativa, uma vez que se imporia uma limitação à atuação do Poder Legislativo que o impediria de tratar da matéria sumulada, impossibilitando o debate democrático sobre o assunto.

O ex-ministro do STF César Peluso, ao defender o não-alcance dos efeitos vinculantes em ADI e ADC em relação ao Poder Legislativo, descreveu em seu voto na Reclamação 2617-MG[112] que:

---

[111] Art. 103-A. O Supremo Tribunal Federal poderá, de ofício ou por provocação, mediante decisão de dois terços dos seus membros, após reiteradas decisões sobre matéria constitucional, aprovar súmula que, a partir de sua publicação na imprensa oficial, terá efeito vinculante em relação aos demais órgãos do Poder Judiciário e à administração pública direta e indireta, nas esferas federal, estadual e municipal, bem como proceder à sua revisão ou cancelamento, na forma estabelecida em lei. (Incluído pela Emenda Constitucional nº 45, de 2004).
BRASIL. *Constituição de 1988*. Emenda Constitucional nº 45, de 30 de dezembro de 2004. Altera dispositivos dos arts. 5º, 36, 52, 92, 93, 95, 98, 99, 102, 103, 104, 105, 107, 109, 111, 112, 114, 115, 125, 126, 127, 128, 129, 134 e 168 da Constituição Federal e acrescenta os arts. 103-A, 103-B, 111-A e 130-A, e dá outras providências. Diário Oficial da União, DOU de 31/12/2004, p. 9.

[112] Ementa: Inconstitucionalidade. Ação direta. Lei estadual. Tributo. Taxa de segurança pública. Uso potencial do serviço de extinção de incêndio. Atividade que só pode sustentada pelos impostos. Liminar concedida pelo STF. Edição de lei posterior, de outro Estado, com idêntico conteúdo normativo. Ofensa à autoridade da decisão do STF. Não-caracterização. Função legislativa que não é alcançada pela eficácia *erga omnes*, nem pelo efeito vinculante da decisão cautelar na ação direta. Reclamação indeferida liminarmente. Agravo regimental improvido. Inteligência do art. 102, §2º, da CF, e do art. 28, § único, da Lei federal nº 9.868/99. A eficácia geral e o efeito vinculante de decisão, proferida pelo Supremo Tribunal Federal, em ação direta de constitucionalidade ou de inconstitucionalidade de lei ou ato normativo federal, só atingem os demais órgãos do Poder Judiciário e todos os do Poder Executivo, não alcançando o legislador, que pode editar nova lei com idêntico conteúdo normativo, sem ofender a autoridade daquela decisão. Brasil. Supremo Tribunal Federal. Agravo Regimental na Reclamação 2617. Recorrente: Nunes Amaral Advogados. Recorrido: Governador do Estado de Minas Gerais. Relator: Min. Cezar Peluso, Tribunal Pleno, julgado em 23/02/2005, DJ 20/05/2005. Disponível em: <http://redir.stf.jus.br/paginadorpub/paginador.jsp?docTP=AC&docID=361894>. Acesso em: 2 set. 2013.

(...) tal concepção comprometeria a relação de equilíbrio entre o tribunal constitucional e o legislador, reduzindo o último a papel subalterno perante o poder incontrolável daquele, com evidente prejuízo do espaço democrático-representativo da legitimidade política do órgão legislativo. E, como razão de não menor tomo, a proibição erigiria um fator de resistência conducente ao inconcebível fenômeno da fossilização da Constituição.[113]

Portanto, pode-se afirmar que o enunciado de uma Súmula Vinculante, o qual estabeleça entendimento sobre determinado tema, prevalecerá até que uma norma proveniente do processo legislativo assuma o espaço no ordenamento jurídico, seja conflitante ou não com o direcionamento da súmula.

É inegável que o Judiciário, após a instituição das Súmulas Vinculantes, e ainda considerando a "crise da lei"[114] que atualmente se observa no cenário político e jurídico brasileiro, adquiriu grandeza inédita. Isso porque, no caso das Súmulas Vinculantes, o STF inova o ordenamento sem que haja a participação democrática, característica típica da atividade legislativa.

Por seu turno, anteriormente à previsão das Súmulas Vinculantes no ordenamento jurídico, a força vinculante das decisões do Supremo Tribunal Federal se restringia às proferidas em Ação Direta de Inconstitucionalidade, nas Declaratórias de Constitucionalidade[115] e em Arguição de Descumprimento de Preceito Fundamental, as quais

---

[113] *Ibidem*, p. 4.

[114] (...) a crise da lei é hoje um fenômeno quase tão universal quanto a própria proclamação do princípio da legalidade como o grande instrumento regulativo da vida social nas democracias constitucionais contemporâneas. Ao ângulo estrutural, a crise da lei confunde-se com a crise da representação e, mais especificamente, com a crise de legitimidade dos parlamentos. Ao ângulo funcional, a crise da lei é a própria crise da ideia de legalidade como parâmetro de conduta exigível de particulares e do próprio Estado. Hoje não mais se crê na lei como expressão da vontade geral, nem mais se a tem como principal padrão de comportamento reitor da vida pública ou privada. (BINENBOJM, Gustavo. *Uma teoria do Direito Administrativo*: direitos fundamentais, democracia e constitucionalização. 2. ed. rev. e atual. Rio de Janeiro: Renovar, 2008, p. 125).

[115] Art. 102, §2º. As decisões definitivas de mérito, proferidas pelo Supremo Tribunal Federal, nas ações diretas de inconstitucionalidade e nas ações declaratórias de constitucionalidade produzirão eficácia contra todos e efeito vinculante, relativamente aos demais órgãos do Poder Judiciário e à administração pública direta e indireta, nas esferas federal, estadual e municipal. Brasil. *Constituição de 1988*. Emenda Constitucional nº 45, de 30 de dezembro de 2004. Altera dispositivos dos arts. 5º, 36, 52, 92, 93, 95, 98, 99, 102, 103, 104, 105, 107, 109, 111, 112, 114, 115, 125, 126, 127, 128, 129, 134 e 168 da Constituição Federal e acrescenta os arts. 103-A, 103-B, 111-A e 130-A, e dá outras providências. Diário Oficial da União, DOU de 31/12/2004, p. 9.

não são fruto de uma atuação criadora positiva do STF. Ou seja, não devem ser consideradas as decisões em ADI, ADC ou ADPF inovações jurídicas, uma vez que o STF, nesse caso, tem participação meramente declaratória sobre uma norma já existente.

Logicamente, decorrente dessa sistemática jurídica instalada, desempenhando o STF as funções a que o Legislativo deveria se ater e normatizando matérias de interesse da sociedade, e que, por razões que vão da incapacidade parlamentar a interesses políticos, não são tratadas de forma satisfatória pelos representantes do povo, é percebido o choque entre os poderes, revelando-se a insurgência contra tal perspectiva na forma de projetos de lei que visam a limitar a atividade jurisdicional em questões de índole constitucional.

Verifica-se claramente um contexto de influência interna na CR/88, pelo fato de como uma mudança na seção de organização dos poderes, como se pode pontuar a inserção do instituto da Súmula Vinculante, contribuiu para o fortalecimento de um poder em relação à atividade de outro.

2.4 As alterações formais e materiais do Direito em virtude das Súmulas Vinculantes

Se em um primeiro momento se pensa que a Súmula Vinculante se apresenta como uma nova concepção processual, tendo em vista que se estabelece uma padronização na atuação dos órgãos judiciais, importando, assim, profunda modificação no processo, uma vez que a força vinculante proporciona celeridade e segurança jurídica (princípios próprios do processo), mais adiante se afere que as implicações no plano material são diretas tanto quanto no plano instrumental.

O conteúdo normativo da Súmula Vinculante sofre as mesmas implicações no sentido interpretativo e aplicativo que sofre o conteúdo normativo de uma lei, tendo em vista que se trata igualmente de um enunciado que irá exigir um trabalho de adequação aos casos concretos. Dessa forma, o impacto causado no direito material com a edição de uma Súmula Vinculante é evidente e imediato, quando trata de questão versada nessa seara, enquanto concebida como uma resposta jurisdicional para pontos de tensão legal.

Nesse aspecto, mostra-se a Súmula Vinculante com as mesmas limitações experimentadas pela corrente positivista, uma vez que não se esgota a tarefa de análise interpretativa e de adequação do fato à norma.

Sem pretender aprofundar no tema, cumpre esclarecer que para seguidores do positivismo, nos parâmetros do ideal iluminista,[116] o sistema jurídico deveria ser completo a ponto de não se verificar qualquer lacuna e permanecer distante de ponderações de valor (exceto quando a própria lei assim preveja), verificando-se, em uma perspectiva simplista, a mecanização de encaixe de fatos a normas.[117]

Advém da compreensível necessidade da visão do estado liberal, inspirada pelos anseios iluministas, em estabelecer regras concretas para a garantia e a segurança nas relações jurídicas, criando limites em face à atuação do poder estatal, submetendo-o ao direito positivado.

Retornando ao tema em análise, a infiltração do enunciado da Súmula Vinculante ao direito material é ampla, já que se reveste de uma finalidade interpretativa não só alicerçada na legalidade positivada, mas também em todo o ordenamento jurídico, o qual abarca princípios e regras.

Vislumbra-se a interferência das edições das Súmulas Vinculantes tanto no direito formal quanto no material, decorrente da abrangência instituída aos seus efeitos. Por exemplo, no plano processual, o princípio do livre convencimento motivado e do contraditório são atingidos, já que o órgão judicial deve observar o enunciado sumular em sua decisão. Já no plano material, normas que poderiam ser analisadas pelo juízo do caso são mitigadas diante do prévio pronunciamento do STF verbalizado na Súmula Vinculante, que se sobrepõe.

As influências cruzada e interna, segundo tratadas nessas páginas, devem ser estudadas como forma de previsão sobre as possíveis mudanças que determinada norma irá causar, positiva ou negativamente, no ordenamento jurídico, ao ser nele introduzido.

---

[116] O positivismo, no afã de eliminar os mitos, dando curso ao projeto iluminista de iluminar as trevas, pretendendo que tudo fossem luzes, criou o maior dos mitos, o mito da ciência, do saber absoluto, como se fôssemos capazes de produzir algo eterno, imutável, perfeito, enfim, divino. (CARVALHO NETTO, 2011, p. 28).

[117] Uma última hipótese possível era a situação da decisão constatar lacunas e não conseguir justificar nem o uso da analogia *legis*, tampouco o recurso à analogia *iuris*. Nessa hipótese, a recomendação da Escola da Exegese era a de declarar a inexistência de fundamento jurídico para a pretensão. Com efeito, se o direito era a lei escrita, "um caso que não estivesse directa ou indiretamente regulado nela seria um caso que carecia de tutela jurídica". Julgava-se, então, improcedente a demanda, justificando essa improcedência na própria falta de direito, quer dizer, uma falta de pretensão jurídica prevista em lei. (SIMIONI, Rafael Lazzarotto. *Curso de hermenêutica jurídica contemporânea*: do positivismo clássico ao pós-positivismo jurídico. Curitiba: Juruá, 2014, p. 46).

Os efeitos vinculantes atribuídos às súmulas editadas pelo STF, conforme previsto na CR/88 e na Lei nº 11.417/06,[118] possibilitam ao órgão máximo do Judiciário brasileiro cobrir lacunas legislativas por meio da interpretação constitucional, atingindo consequente importância no direito material e processual.

Ou seja, a inovação na ordem jurídica pela atuação do Supremo Tribunal Federal é decorrência do próprio conteúdo constitucional, o qual é permissivo em relação à atividade jurisdicional de preenchimento normativo.

As novidades legislativas materiais que tratam de direitos individuais ou sociais, conjugadas com os instrumentos jurídicos que viabilizam seu exame pela via judicial, na falta de devida regulamentação, implementação e atuação prestacional, demonstram a existência das consequências concretizadas pelas influências cruzada e interna, não se podendo negar que, tendo elas como fonte a própria Constituição da República de 1988, são indiscutivelmente frutos colhidos democraticamente.

---

[118] Art. 2º. O Supremo Tribunal Federal poderá, de ofício ou por provocação, após reiteradas decisões sobre matéria constitucional, editar enunciado de súmula que, a partir de sua publicação na imprensa oficial, terá efeito vinculante em relação aos demais órgãos do Poder Judiciário e à administração pública direta e indireta, nas esferas federal, estadual e municipal, bem como proceder à sua revisão ou cancelamento, na forma prevista nesta Lei. BRASIL. *Lei Ordinária nº 11.417/06, de 19 de dezembro de 2006*. Regulamenta o art. 103-A da Constituição Federal e altera a Lei nº 9.784, de 29 de janeiro de 1999, disciplinando a edição, a revisão e o cancelamento de enunciado de súmula vinculante pelo Supremo Tribunal Federal, e dá outras providências. Diário Oficial da União de 20/12/2006, p. 1.

CAPÍTULO 3

A PERSPECTIVA DO DIREITO COMO INTEGRIDADE E A VINCULAÇÃO DECISÓRIA

3.1 A integridade do Direito na concepção de Dworkin

A tese da única resposta para os casos jurídicos, desenvolvida por Ronald Dworkin, apresenta-se contra a cultura positivista que entende não ser possível encontrar uma solução para os casos sem previsão normativa expressa senão atribuindo-se à discricionariedade do julgador a aplicação do Direito. Como uma forma em expansão, o ordenamento jurídico deve considerar todos os aspectos que envolvem a sociedade para que uma solução jurídica em determinado caso concreto seja aceita, formada pelo que o aludido autor chamou de "comunidade de princípios".[119]

Busca-se, tomando como fundamento a construção teórica de Dworkin sobre a única resposta correta, descrever que, para os casos postos sob a análise do Direito, já existe uma identidade própria para o mesmo e um local onde a solução do caso se encontra, uma porta

---

[119] (...) uma determinada comunidade de princípios que se assume como sujeito constitucional, capaz de reconstruir permanentemente de forma crítica e reflexiva a eticidade que recebe como legado das gerações anteriores, precisamente restritos àqueles usos, costumes e tradições que, naquele momento histórico constitucional, acredita possam passar pelo crivo do que entende ser o conteúdo da exigência inegociável dos direitos fundamentais. Os direitos fundamentais, ou seja, a igualdade e a autonomia ou liberdade reciprocamente reconhecidas a todos os membros da comunidade, passam a ser compreendidos, portanto, como princípios, a um só tempo, opostos e complementares entre si. (CARVALHO NETTO, 2011, p. 14).

de acesso onde se afere a sintonia fina entre a integridade do direito e as relações jurídicas, construída de forma a propiciar a sequência coerente do Direito.

O ordenamento jurídico deve proporcionar ao aparato jurisdicional elementos suficientes para sua função de aplicação do Direito. Não é recente a tendência de se prever em norma as possibilidades dos conflitos que o Direito deve amparar, buscando eliminar, ou ao menos dirimir, as lacunas da lei. Esse era o núcleo de pensamento da "Escola da Exegese", corrente do início do século XIX, a qual, sob a tendência do Código Napoleônico,[120] entendia que a interpretação da lei deveria seguir a vontade do legislador, uma vez que vista como a única autoridade legítima para tal matéria, pois expressava a vontade do povo.[121]

Tal pensamento se desenvolveu no início do século XIX, durante um contexto histórico marcado pela revolução liberal. No entanto, com a evolução nos diversos setores da sociedade, a tendência à codificação, característica do movimento mencionado, não conseguiu estabelecer uma metodologia hermenêutica capaz de suprir todas as carências legislativas a ponto de tornar o julgamento um mero ato de subsunção do fato à norma em um processo lógico de aplicação do Direito.

Não havia espaço para a adequação das novas realidades sociais frente ao que a lei impunha. Nesse ponto, a Escola da Exegese não corresponde exatamente com o trilhar da sociedade, tendo em vista que sustentava a inexistência de lacunas no Direito a ponto de entender que o caso que não encontrava resposta na lei não poderia ter fundamento jurídico a lastrear sua pretensão.[122]

---

[120] É disseminada a compreensão de que o Código Napoleônico foi uma espécie de ícone do potencial criador da razão moderna, a verdadeira *ratioscripta*. Ali estariam todas as respostas porque a razão iluminista tudo poderia decifrar, e suas estipulações, direitos naturais, poderiam ser igualmente compreendidas por todos, já que todos seriam racionais na mesma medida. Assim, as regras seriam claras, acessíveis em seu significado. O intérprete não precisaria ir além daquilo que a regra dizia, porque ela teria sido racionalmente concebida e a razão saberia exatamente o que seria necessário para a regulamentação da situação possivelmente existente. (DANTAS, Marcus Eduardo de Carvalho. Princípios e regras: entre Alexy e Dworkin. *In*: MORAES, Maria Celina Bodin (coord.). *Princípios do Direito Civil contemporâneo*. Rio de Janeiro: Renovar, 2006, p. 549).

[121] Interpretar o texto da lei constituía, inclusive, um ato reprovável, já que o texto legal era considerado não só como o resultado racional e iluminado de uma decisão política de legislativo, mas sobretudo como um valor superior ao próprio governo. (SIMIONI, Rafael Lazzarotto. *Curso de hermenêutica jurídica contemporânea*: do positivismo clássico ao pós-positivismo jurídico. Curitiba: Juruá, 2014, p. 30).

[122] Todas as questões jurídicas estavam previstas nos textos legais sistematizados no *Code*. E se porventura uma questão não estivesse prevista lá, era porque não se tratava de uma

A inobservância de valores e princípios para a construção de uma decisão jurídica tornava o conceito positivista da Escola da Exegese poroso na medida em que impossibilitava um julgamento amparado em um conceito de justiça, já que não era permitido um sopesamento não previsto em lei, o que proporcionou, a partir de então, o caminhar para um direito moldável às mudanças e realidades sociais.

Diante das considerações sobre o rigorismo positivista da Escola da Exegese, tem-se que o Direito necessita buscar em demais campos científicos elementos para sua formação. É sobre esse aspecto que se pode mencionar a tendência baseada na observância dos princípios e na consideração de uma leitura moral[123] da norma para que o alcance do ordenamento jurídico possibilite sempre uma resposta que seja o reflexo real de equilíbrio e conforme aquilo que emana.

Pode-se identificar, na análise da referida corrente, que o Direito não é uma ciência estática, como outras onde seus conceitos e conclusões podem ser considerados absolutos.

A interpretação do Direito como integridade,[124] desenvolvida por Ronald Dworkin, estabelece a análise da norma considerando todos os fatores que permeiam e gravitam em torno de sua aplicação a um caso concreto para que, só assim, possa haver uma adequação do que o arcabouço jurídico disciplina sobre o assunto e no momento da aplicação.

Busca-se alcançar a resposta correta para cada caso, considerando que para os *hard cases* não pode haver a utilização de discricionariedade do juiz, embora não se encontre uma norma que regule exatamente o caso, o que autorizaria o julgamento conforme suas convicções.

---

questão jurídica. E com esse fundamento se poderia então argumentar o afastamento de qualquer prestação jurisdicional para uma pretensão sem respaldo jurídico. (*Ibidem*, p. 30).

[123] Ela [leitura moral] explica por que a fidelidade à Constituição e ao Direito exige que os juízes façam juízos atuais de moralidade política e encoraja assim a franca demonstração das verdadeiras bases desses juízos, na esperança de que os juízes elaborem argumentos mais sinceros, fundamentados em princípios, que permitam ao público participar da discussão. (DWORKIN, Ronald. *O direito da liberdade*: a leitura moral da constituição norte-americana. São Paulo: Martins Fontes, 2006, p. 57).

[124] A integridade exige que as normas públicas da comunidade sejam criadas e vistas, na medida do possível, de modo a expressar um sistema único e coerente de justiça e equidade na correta proporção. Uma instituição que aceite esse ideal às vezes irá, por esta razão, afastar-se da estreita linha das decisões anteriores, em busca de fidelidade aos princípios concebidos como mais fundamentais a esse sistema como um todo. (DWORKIN, Ronald. *O império do Direito*. Tradução: Jefferson Luiz Camargo. Revisão técnica: Gildo Sá Leitão Rios. 3. ed. São Paulo: Martins Fontes, 2014, p. 264).

Define Marcelo Andrade Cattoni de Oliveira:

(...) a tese da única resposta correta pressupõe uma reconstrução de acerca de como interpretar o Direito: para além do dilema positivista e realista entre descobrir ou inventar uma decisão, Dworkin defende que o raciocínio jurídico é um exercício de interpretação construtiva, de que o Direito constitui a melhor justificação do conjunto das práticas jurídicas, a narrativa que faz de tais práticas as melhores possíveis. A tese da única resposta correta pressupõe, portanto, uma ruptura tanto com o paradigma positivista de ciência e teoria do Direito, quanto uma ruptura com o próprio paradigma positivista do Direito, que se esgotaram.[125]

Para Dworkin, o juiz, perante uma situação jurídica para a qual não haja previsão legal antecedente, deve se pautar nos princípios[126] que regem a sociedade, dentro do cenário temporal e conforme a estrutura normativa constituída para aquela sociedade, procedendo-se a uma leitura moral dos preceitos jurídicos, suprimindo-se o espaço para a discricionariedade.

Ronald Dworkin define que a "leitura moral[127] propõe que todos – juízes, advogados e cidadãos – interpretem e apliquem esses dispositivos abstratos considerando que fazem referência a princípios morais de decência e justiça".[128]

---

[125] CATTONI DE OLIVEIRA, Marcelo de Andrade. Dworkin: de que maneira o Direito se assemelha à literatura? *Rev. Fac. Direito UFMG*, Belo Horizonte, n. 54, p. 91-118, 2009. Disponível em: http://www.direito.ufmg.br/revista/index.php/revista/article/viewFile/235/216. Acesso em: 24 fev. 2014, p. 92.

[126] Insista-se: quando Dworkin diz que o juiz deve decidir lançando mão de argumentos de princípio e não de política, não é porque esses princípios sejam ou estejam elaborados previamente, à disposição da "comunidade jurídica" como enunciados assertóricos ou categorias (significantes primordiais-fundantes). Na verdade, quando sustenta essa necessidade, apenas aponta para os limites que deve haver no ato de aplicação judicial (por isso, ao Direito não importam as convicções pessoais/morais do juiz acerca da política, sociedade, esportes etc. Ele deve decidir por princípios). (STRECK, Lenio Luiz. O problema do "livre convencimento" e do "protagonismo judicial" nos códigos brasileiros: a vitória do positivismo jurídico. *In*: BOLZAN DE MORAIS, José Luis; BARROS, Flaviane de Magalhães. *Reforma do processo civil* – perspectivas constitucionais. Belo Horizonte: Fórum, 2010, p. 63).

[127] O magistrado deve retirar dos dispositivos abstratos constitucionais uma leitura moral, extraindo, assim, os princípios de ética e justiça que lhes são inerentes: (...) Os juízes devem submeter-se à opinião geral e estabelecida acerca do caráter do poder que a Constituição lhes confere. A leitura moral lhes pede que encontrem a melhor concepção dos princípios morais constitucionais (...) que se encaixe no conjunto da história (...). Não lhes pede que sigam os ditames de sua própria consciência ou as tradições de sua própria classe ou partido, caso esses ditames ou tradições não se encaixem nesse conjunto histórico" (DWORKIN, Ronald. *O direito da liberdade*: a leitura moral da constituição norte-americana. São Paulo: Martins Fontes, 2006, p. 16).

[128] *Ibidem*, p. 2.

Cada intérprete da norma jurídica deve abstrair o seu conteúdo isoladamente para aplicá-la da forma mais abrangente e em conjunto com as demais fontes normativas, possibilitando-se o melhor foco do Direito sobre o caso.

3.2 A textura aberta do Direito e a escolha da resposta certa

Em contraponto ao discurso de Dworkin, a teoria do Direito como uma "textura aberta"[129] defendida por Herbert L. A. Hart apresenta que a decisão jurídica não pode ser identificada como única em casos nos quais o Direito não proporciona precisão normativa, devendo o julgador escolher uma resposta dentre várias possíveis, ensejando uma forma discricionária de decisão.[130] Define que a norma escrita, sendo imprecisa a linguagem, proporciona indefinição também na aplicação da norma.

Hart questiona o Direito perante sua necessidade de se instrumentalizar por meio da linguagem que, com seus contornos e imprecisões, não alcança uma concordância geral sobre os significados que pretende expor por meios de seus termos, pela forma de comunicação convencionada a que se sujeita o Direito.[131]

É sob esse enfoque que Hart defende o posicionamento de que o Direito, nos casos difíceis, não proporciona ao julgador uma resposta que afasta todas as outras, mas, ao contrário, aponta que o Direito é respeitado à medida que se escolher uma resposta que não o agrida, o que legitima sua decisão.[132]

---

[129] Seja qual for o processo escolhido, precedente ou legislação, para a comunicação de padrões de comportamento, estes, não obstante a facilidade com que actuam sobre a grande massa de casos correntes, revelar-se-ão como indeterminados em certo ponto em que a sua aplicação esteja em questão; possuirão aquilo que foi designado como textura aberta. (HART, H. L. A. *O conceito de Direito*. Tradução: Armindo Ribeiro Mendes. Lisboa: Fundação Calouste Gulbenkian, 1986, p. 140-141).

[130] Para o que demanda a discussão em curso, pode-se ressaltar que Hart considera que somente *rules* (regras) são juridicamente obrigatórias. Como nem sempre as regras se "encaixam" perfeitamente no caso concreto, dentro da dinâmica do silogismo, os *hard cases* abrem para o juiz a possibilidade de decidir com o seu "juízo de razoabilidade, ou seja, de forma discricionária. (DANTAS, Marcus Eduardo de Carvalho. Princípios e regras: entre Alexy e Dworkin. *In*: MORAES, Maria Celina Bodin (coord.). *Princípios do Direito Civil contemporâneo*. Rio de Janeiro: Renovar, 2006, p. 554).

[131] HART, H. L. A. *O conceito de Direito*. Tradução: Armindo Ribeiro Mendes. Lisboa: Fundação Calouste Gulbenkian, 1986, p. 140.

[132] Quando surge o caso não contemplado, confrontamos as soluções em jogo e podemos resolver a questão através da escolha entre os interesses concorrentes, pela forma que melhor

Hart concebe o Direito com um aspecto homogeneizador, visualizando-o como "instrumento de controle social".[133] Pelo seu caráter geral e de observância obrigatória, entende que o Direito não se dirige ao indivíduo específico, mas às circunstâncias sociais. Portanto, descreve que "vastas áreas da vida social dependem de uma capacidade largamente difundida de reconhecer actos, coisas e circunstâncias particulares como casos das classificações gerais que o Direito faz".[134]

A partir de então, argumenta que o Direito dispõe de dois expedientes principais para a comunicação de tais padrões gerais: a legislação e o precedente, expondo que "um deles faz um uso máximo, o outro faz um uso mínimo de palavras gerais a estabelecer classificações".[135]

Reconhece como meios de inserção normativa a regulação de condutas por meio de leis, cujas características de generalidade atraem termos classificatórios amplos, e por meio dos precedentes, onde a característica de especificidade vem pormenorizar as relações fáticas e de aplicação das leis.

A ordem jurídica consubstanciada em textos provoca uma indeterminada possibilidade de captação de valores em relação à aplicação da norma. Hart descreve ser inevitável tal consideração, pois entende que a norma se encontra presa à linguagem, não podendo ser clara suficientemente sempre, uma vez que é de sua essência a limitação de compreensão, descrevendo que "não apenas no terreno das normas, mas em todos os campos da existência, há um limite, inerente à natureza da linguagem, para a orientação que a linguagem geral pode oferecer".[136]

Aponta Herbert Hart que nem os cânones interpretativos estão imunes à deficiência de significado, uma vez que também sofrem as limitações da linguagem:

> Mesmo quando são usadas regras gerais formuladas verbalmente, podem, em casos particulares concretos, surgir incertezas quanto à forma de comportamento exigido por elas. Situações de facto particulares não

---

nos satisfaz. Ao fazer isto, teremos tornado a nossa finalidade inicial mais determinada e teremos incidentalmente resolvido uma questão respeitante ao sentido, para os fins desta regra, de uma palavra geral. (*Ibidem*, p. 142).

[133] HART, H. L. A. *O conceito de Direito*. Tradução: Armindo Ribeiro Mendes. Lisboa: Fundação Calouste Gulbenkian, 1986, p. 137.
[134] *Ibidem*.
[135] *Ibidem*.
[136] *Ibidem*, p. 139.

esperam por nós já separadas uma das outras, e com etiquetas apostas como casos de aplicação da regra geral, cuja aplicação está em causa; nem a regra em si mesma pode avançar e reclamar os seus próprios casos de aplicação. Em todos os campos de experiência, e não só no das regras, há um limite, inerente à natureza da linguagem, quanto à orientação que a linguagem pode oferecer. (...) Os cânones de interpretação não podem eliminar estas incertezas, embora possam diminuí-las; porque estes cânones são eles próprios regras gerais sobre o uso da linguagem e utilizam termos gerais que, eles próprios, exigem interpretação. Eles, tal como outras regras, não podem fornecer a sua própria interpretação.[137]

A ideia de Hart é que a indeterminação normativa propicia várias respostas para uma questão, descrevendo-se: "(...) nenhuma delas pode ser afastada como errada ou aceita confiadamente como certa; porque estamos na zona de textura aberta da regra fundamental do sistema. Aqui pode surgir a todo o momento uma questão para a qual não haja uma resposta – só respostas".[138]

Considerando o texto normativo, Hart entende que os casos fáceis são solucionáveis por serem corriqueiros e familiares. Expõe que havendo um consenso sobre a aplicabilidade de determinada norma, os termos gerais garantem que seja "automática" sua observância.[139]

Já em relação aos casos difíceis, em que o texto normativo não define plenamente sobre sua aplicabilidade, justamente por se perceber "variantes dos casos familiares", Hart indica haver uma "crise de comunicação", não sendo possível aferir o alcance e significados próprios para a norma, criando-se o caminho para a escolha do juiz sobre qual decisão tomar dentre as alternativas abertas.[140]

---

[137] HART, H. L. A. O conceito de Direito. Tradução: Armindo Ribeiro Mendes. Lisboa: Fundação Calouste Gulbenkian, 1986, p. 139.
[138] Ibidem, p. 165.
[139] Os casos simples, em que os termos gerais parecem não necessitar de interpretação e em que o reconhecimento dos casos de aplicação parece não ser problemático ou ser "automático" são apenas os casos familiares que estão constantemente a surgir em contextos similares, em que há acordo geral nas decisões quanto à aplicabilidade dos termos classificatórios. (Ibidem, p. 139).
[140] Aqui surge um fenômeno que se reveste da natureza de uma crise na comunicação: há razões, quer a favor, quer contra o nosso uso de um termo geral e nenhuma convenção firme ou acordo geral dita o seu uso, ou, por outro lado, estabelece a sua rejeição pela pessoa ocupada na classificação. Se em tais casos as dúvidas hão de ser resolvidas, algo que apresenta a natureza de uma escolha entre alternativas abertas tem de ser feito por aquele que tem de as resolver. (Ibidem, p. 140).

Identificam-se, em tal ponto, as incertezas das formas normativas expostas pela linguagem,[141] tanto na forma ampla (legislação) quanto na forma específica de aplicação (precedentes), apontando a textura aberta sobre a qual se fundamenta a discricionariedade[142] do juiz para escolher uma alternativa dentre várias apresentadas pelo Direito.[143]

A norma geral, que Hart identifica nas leis, e as específicas, miradas nos precedentes, não são suficientes para apontar a resposta para os casos difíceis, de fato. Porém, o leque de escolhas se afasta quando se vislumbra a necessidade de ser a decisão um reflexo da vontade da comunidade.

Considerando ser inviável a regulação de todas as condutas por meio de regras gerais e abstratas,[144] a compreensão da integridade do Direito,[145] na projeção da decisão jurídica, organiza-o de forma a existir

---

[141] (...) a incerteza na linha de fronteira é o preço que deve ser pago pelo uso de termos classificatórios gerais em qualquer forma de comunicação que respeite a questões de facto. (*Ibidem*, p. 141).

[142] Para Hart, toda expressão linguística tem um núcleo duro e uma zona de penumbra. O núcleo duro está conformado pelos casos de fácil interpretação, mais precisamente aqueles nos quais quase todos os intérpretes estariam de acordo sobre a expressão que se aplica ao caso em questão, seja ele um objeto ou um fato social. No âmbito da decisão judicial, isso significa que uma regra sempre possuirá um núcleo duro e uma zona de penumbra, frente à qual o juiz deverá escolher qual sentido deve prevalecer. Assim, naqueles chamados casos fáceis, o juiz limita-se a subsumir a aplicação da regra jurídica em seu núcleo duro, dispensando, portanto, a obrigatoriedade de se realizar interpretação jurídica. Nos casos difíceis, deveria partir para a interpretação das regras, sendo admissível a utilização da discricionariedade no julgamento. (STRECK, Lenio Luiz; ABBOUD, Georges. *O que é isto: o precedente judicial e as súmulas vinculantes?* 2. ed. rev. e atual. Porto Alegre: Livraria do Advogado, 2014, p. 93).

[143] O positivismo jurídico de Hart concebe os *hard cases* como casos que não podem ser solucionados com recurso a uma regra jurídica suficientemente clara, cabendo, portanto, ao juiz, fazer uso de sua discricionariedade para decidir. Ao fazê-lo, uma nova regra estaria sendo criada e aplicada retroativamente, por mais que o juiz se esforçasse para dar a entender que estaria simplesmente aplicando um direito pré-existente, tentando assim salvaguardar a ficção da segurança jurídica. (CARVALHO NETTO, 2011, p. 53).

[144] A noção do ordenamento jurídico como sistemas de regras, tendo-se em vista a base teórica linguística pressuposta pelos expoentes maiores do positivismo científico, implica o reconhecimento de seu caráter impreciso, indeterminado ou lacunoso. Admitindo-se a estrutura aberta da linguagem, a pretensão de regulação de todas as possíveis condutas por meio de regras abstratas se mostra inviável, cabendo ao sistema jurídico lidar com essa indeterminação diante de sua tarefa inescapável de decidir. (CARVALHO NETTO, 2011, p. 48).

[145] O Direito como integridade nega que as manifestações do Direito sejam relatos factuais do convencionalismo, voltados para o passado, ou programas instrumentais do pragmatismo jurídico, voltados para o futuro. Insiste em que as afirmações jurídicas são opiniões interpretativas que, por esse motivo, combinam elementos que se voltam tanto para o passado quanto para o futuro. (DWORKIN, Ronald. *O império do Direito*. Tradução: Jefferson Luiz Camargo. Revisão técnica: Gildo Sá Leitão Rios. 3. ed. São Paulo: Martins Fontes, 2014, p. 271).

uma solução em coerência com os anseios da comunidade, de acordo com seus princípios em comum.

Dworkin, então, rebate o entendimento de Hart, considerando insuficiente a teoria disposta pelo positivismo jurídico para a solução de casos difíceis.[146] Aceitar a discricionariedade do julgador para escolher uma opção proporcionada pelo Direito, pela simples ausência de previsão normativa específica, desequilibra o desenvolvimento do Direito, pela possibilidade de incoerência entre as decisões.[147]

O conteúdo dos direitos fundamentais é basicamente formado por princípios norteadores do sistema jurídico. A aplicação de tais preceitos decorre da atividade legislativa que assim equacionou e estabeleceu, por meio de argumentos políticos, a direção a ser adotada pela comunidade. O juiz, na tarefa de julgar, dispõe de argumentos de aplicação dispostos no aparato jurídico que tornam viável a decisão, em continuação ao que o legislador prescreveu por meio de fundamentos políticos.[148]

O sistema de garantias constitucionais e de proteção aos direitos fundamentais não guarda correspondência quanto à discricionariedade judicial. A escolha pelo juiz, defendida por Hart, de uma alternativa

---

[146] O positivismo jurídico fornece uma teoria dos casos difíceis. Quando uma ação judicial específica não pode ser submetida a uma regra de direito clara, estabelecida de antemão por alguma instituição, o juiz tem, segundo tal teoria, o "poder discricionário" para decidir o caso de uma maneira ou de outra. Sua opinião é redigida em uma linguagem que parece supor que uma ou outra das partes tinha o direito preexistente de ganhar a causa, mas tal ideia não passa de uma ficção. Na verdade, ele legisla novos direitos jurídicos (*new legal rights*), e em seguida os aplica retroativamente ao caso em questão. Nos dois últimos capítulos, argumentei que essa teoria da decisão judicial é totalmente inadequada; (...) (DWORKIN, Ronald. *Levando os direitos a sério*. Tradução e notas: Nelson Boeira. São Paulo: Martins Fontes, 2002, p. 127).

[147] A doutrina positivista do poder discricionário (no sentido forte) exige essa concepção de obrigação jurídica, pois, se um juiz tem poder discricionário, então não existe nenhum direito legal (*right*) ou obrigação jurídica – nenhuma prerrogativa – que ele deva reconhecer. Contudo, uma vez que abandonemos tal doutrina e tratemos os princípios como direito, colocamos a possibilidade de que uma obrigação jurídica possa ser imposta por uma constelação de princípios, bem como por regra estabelecida. Poderemos então afirmar que uma obrigação jurídica existe sempre que as razões que sustentam a existência de tal obrigação, em termos de princípios jurídicos obrigatórios de diferentes tipos, são mais fortes do que as razões contra a existência dela. (*Ibidem*, p. 71).

[148] A diferenciação interna ao Direito entre direitos e políticas, proposta por Dworkin, reforça a distinção entre formas específicas de discursos, buscando garantir a primazia dos argumentos de princípios, que remetem aos conteúdos morais dos direitos fundamentais, sobre argumentação teleológica e pragmática de políticas cunhadas para a realização de objetivos supostamente realizadores de bens coletivos. É o legislativo, assim, a porta de entrada dos argumentos éticos e pragmáticos próprios das políticas públicas, a serem incorporados no discurso judicial de forma seletiva e condicionada, dado o papel de *firewall* atribuído aos direitos fundamentais, com sua linguagem deontológica, no ordenamento jurídico. (CARVALHO NETTO, 2011, p. 58).

dentre várias dispostas pelo Direito, não encontra suporte em tal contexto, em virtude da observância obrigatória dos preceitos fundamentais, os quais não se permite que sejam livremente escolhidos sem que haja coerência com sua estrutura.

3.3 O espaço ocupado pelo Direito no caso concreto

Considerando as propostas de Dworkin sobre as concepções de aplicação do Direito como integridade, elimina-se a possibilidade de o juiz se utilizar de discricionariedade para adotar um entendimento, dentre vários, por meio de sua convicção, sob a justificativa de que a legislação não prevê dispositivo direto para o caso.

O Direito apresenta contornos que de alguma forma se adaptam às relações jurídicas, devendo-se levar em conta uma visão ampla de sua aplicação.[149] Assim, a interpretação construtiva do Direito encontra uma medida de equilíbrio que disciplina as situações considerando todo o histórico da sociedade e do Direito para que a decisão seja uma leitura de todo esse contexto da comunidade[150] e para que tenha também uma intenção de postura para uma perspectiva futura.

---

[149] Obviamente, o Direito não pode mais ser concebido simplesmente como um conjunto de normas gerais e abstratas. Pois podemos concebê-lo agora como uma atitude interpretativa capaz de estabelecer tanto uma leitura moral das normas jurídicas, quanto uma leitura jurídica das convicções morais da nossa comunidade política. Precisamente nessa atitude interpretativa parece estar a nova face da *prudentia*, a chave para uma concepção de decisão jurídica legítima ou justa por princípio – e não por consequência, por dedução ou por qualquer outra referência comunicativa alheia à juridicidade do Direito. (SIMIONI, Rafael Lazzarotto. Decisão jurídica e autonomia do Direito: a legitimidade da decisão para além do constitucionalismo e democracia. *In*: FIGUEIREDO, Eduardo Henrique Lopes; MONACO, Gustavo Ferraz de Campos; MAGALHÃES, José Luiz Quadros de. *Constitucionalismo e democracia*. Rio de Janeiro: Elsevier, 2012, p. 162).

[150] (...) o Direito Constitucional no limiar dos séculos redefiniu o sentido do próprio Direito e de suas práticas, atraiu – e tem atraído – a atenção dos seus intérpretes – falo de nós, o povo – na medida em que compreender e interpretar o Direito (Constitucional) é compreender e interpretar a nós mesmos como comunidade. Tarefa complexa esta, pois a autocompreensão que temos de nós mesmos como comunidade nos desacomoda do lugar seguro de um mundo dado, ao qual apenas assistimos como observadores externos, para um mundo que se dá (ou se constrói) na medida de nossas ações. E nossas ações não são lineares ou isentas de tensões ou contradições. (CHUEIRI, Vera Karam. *In*: CARVALHO NETTO, M.; SCOTTI, Guilherme. *Os direitos fundamentais e a (in)certeza do Direito*: a produtividade das tensões principiológicas e a superação do sistema de regras. Prefácio, 1. ed. Belo Horizonte: Fórum, 2011, p. 9).

Ronald Dworkin trata dessa perspectiva:

> O Direito como integridade, portanto, começa no presente e só se volta para o passado na medida em que seu enfoque contemporâneo assim o determine. Não pretende recuperar, mesmo para o Direito atual, os ideais ou objetivos práticos dos políticos que primeiro o criaram. Pretende, sim, justificar o que eles fizeram (às vezes, incluindo, como veremos, o que disseram) em uma história geral digna de ser contada aqui, uma história que traz consigo uma afirmação complexa: a de que a prática atual pode ser organizada por princípios suficientemente atraentes para oferecer um futuro honrado.[151]

Deve ser tomado o Direito como integridade para se entender a tese da única resposta correta, compreendida como meio de alcance jurídico interpretativo-construtivo.[152]

A interpretação construtiva, portanto, busca no passado e identifica no presente a medida jurídica correta para que se apresente coerente com a história que continua a seguir. Consequentemente, uma decisão fora desse conceito histórico se vislumbra em descompasso, como uma sequência que se desvirtua em determinado ponto e que deve ser desconsiderada, pois desse ponto perde a coerência.

Destarte, o influxo de toda a complexidade histórica comportamental da sociedade em seus diversos segmentos deve ser decisivo para a determinação de qual é o direito a ser aplicado considerando tais fatores.

Dessa forma, visa-se a proceder a essa leitura da tese de Dworkin de maneira a encontrar o local onde se situa o Direito em uma determinada relação jurídica, no qual não há espaço para outro tomar esse lugar.

Pode-se moldar a ideia jurídica que ora se propõe como a afirmação que dois corpos não podem ocupar um mesmo espaço no tempo, conceito físico traduzido na conhecida Teoria da Impenetrabilidade, a qual afirma que dois corpos não podem ocupar o mesmo espaço, ao mesmo tempo.

---

[151] DWORKIN, Ronald. *O império do Direito*. Tradução: Jefferson Luiz Camargo. Revisão técnica: Gildo Sá Leitão Rios. 3. ed. São Paulo: Martins Fontes, 2014, p. 274.

[152] É a integridade do Direito, no exercício hermenêutico que se volta tanto para o passado quanto para o futuro, que marcará a diferença entre densificação e descumprimento dos princípios fundamentais, especialmente mediante a capacidade e a sensibilidade do intérprete de, no processo de densificação e concretização normativas, diante de uma situação concreta de aplicação, impor normas que se mostrem adequadas a reger essa situação de modo a dar pleno curso ao Direito em sua integridade, a reforçar a crença na efetividade da comunidade de princípios. (CARVALHO NETTO, 2011, p. 124-125).

O princípio da igualdade visto como vetor do ordenamento jurídico serve de suporte primeiro da presente ideia, pautando-se que o Direito deve alcançar a todos.

De tal modo, a única maneira de proporcionar a igualdade a que se visa com a própria criação do Direito é pelo raciocínio de que a resposta para os casos jurídicos existe em conjunto ao ordenamento jurídico, e a sua integridade é capaz de encontrar em algum ponto a construção interpretativa sob o melhor foco,[153] necessária para que a decisão seja aquela suficiente para que as partes compreendam o equilíbrio estabelecido porque outra não caberia no lugar, como um objeto que já ocupa um espaço.

Pode-se dizer que, por meio do sistema jurídico, sempre se encontra uma sintonia fina entre o caso proposto e a estrutura normativa na qual se baseia o direito a ser desenvolvido e declarado na decisão. E essa sintonia fina é única porque o Direito prima pela igualdade e não pode haver frequências distintas para um equilíbrio da relação.

A decisão jurídica deve ocupar um espaço que o ordenamento jurídico estabelece. O conteúdo de equilíbrio da decisão é único como um corpo no espaço onde outro não pode se sobrepor. O conflito aparente de aplicação se resolve no momento que se descobre que no local já há uma resposta cabível e não pode outra ocupar seu lugar.

É um processo de filtração processual que compatibiliza o princípio da vedação do *non liquet* (tornar possível ao juiz o julgamento da causa, mesmo sem previsão normativa), caminhando-se do ordenamento jurídico à sintonia fina do Direito (lei do caso concreto – decisão final).

Uma pequena variação nas condições em determinado ponto de um sistema dinâmico pode ter consequências de grandes proporções (o bater de asas de uma borboleta em Tóquio pode provocar um furacão em Nova Iorque). Essa concepção, aplicada ao Direito, associa-se à tese da única resposta correta, pois a influência de um ponto de análise do Direito, por menor que seja, poderá alterar tanto o processamento quanto a conclusão de um pensamento jurídico.

O movimento de alteração de atitude comportamental acarreta consequências em relação à leitura moral pregada por Dworkin, com o fim de encontrar a resposta correta do Direito, sendo que a ocorrência

---

[153] Dworkin sugere que, ao final, a interpretação criativa construtivamente enfocada nos permite compreender melhor a tarefa de interpretação em qualquer campo do saber, pois toda interpretação tenta tornar um objeto o melhor possível, no contexto do empreendimento travado, segundo seus critérios específicos. (CARVALHO NETTO, 2011, p. 79-80).

de determinado evento pode causar tal grau de movimentação social e política a ponto de se estabelecer uma nova ordem jurídica sobre o assunto.

Portanto, a impenetrabilidade define a resposta certa na medida em que é desenvolvida pela integridade do Direito, considerando o princípio da igualdade como seu vetor, e que, dessa forma, não se pode admitir outra resposta no lugar, uma vez que a medida aceita pela comunidade (a única resposta certa) rechaça outras.

Dessa forma, a discricionariedade a ser evitada em julgamentos é afastada, pois a decisão que não segue a frequência do Direito está destoando da integridade, considerada em todos os seus aspectos, e não proporciona a sintonia fina da norma ao caso concreto, desfigurando a coerência sequencial para a qual deve ser compatível com o Direito.

Busca-se descrever que a positivação de relações jurídicas deverá sempre existir tendo em vista que a regulação das atividades sociais se apresenta inseparável da própria atuação do Estado enquanto equalizador das tensões entre os indivíduos. No entanto, para além da redação legal, sempre existirá uma carga interpretativa que orbita em torno das condições de aplicabilidade da norma. Encontrar o equilíbrio do caso concreto dentro dessa órbita é o processo de analisar o Direito com o enfoque que melhor proporcione a estabilidade que se persegue para o caso em concreto.

Ou seja, se o Direito não foi capaz de estabelecer uma aplicação mecânica da previsão abstrata ao caso concreto, a atuação do julgador deve ser no sentido de encontrar, dentro da órbita da norma, o espaço que o Direito guarda para o equilíbrio do caso.

A partir de cada norma, abre-se uma espiral cuja abrangência deve considerar os princípios e a estrutura jurídica, política e moral da comunidade. Apontar até onde alarga a espiral é tarefa interpretativa do julgador considerando o Direito como integridade.[154] Encontrar na órbita da norma o ponto exato da medida de equilíbrio para a aplicação do Direito é estabelecer um lugar onde esse Direito se desenvolve por meio das aspirações da comunidade.

---

[154] A interpretação jurídica, portanto, não tem que ser nem ativista, tampouco passivista. Ela tem que ser adequada e justificada em princípios de moralidade política, em princípios capazes de torná-la a melhor interpretação possível, a interpretação que melhor revela a virtude do Direito. (SIMIONI, Rafael Lazzarotto. *Curso de hermenêutica jurídica contemporânea*: do positivismo clássico ao pós-positivismo jurídico. Curitiba: Juruá, 2014, p. 383).

3.4 O Romance em Cadeia e a Teoria da Impenetrabilidade

O conceito de coerência sequencial do Direito é definido por Ronald Dworkin pela metáfora do Romance em Cadeia, na qual cada escritor desenvolve um capítulo de um livro. Descreve Dworkin que:

> Em tal projeto, um grupo de romancistas escreve um romance em série; cada romancista da cadeia interpreta os capítulos que recebeu para escrever um novo capítulo, que é então acrescentado ao que recebe o romancista seguinte, e assim por diante. Cada um deve escrever seu capítulo de modo a criar da melhor maneira possível o romance em elaboração, e a complexidade dessa tarefa reproduz a complexidade de decidir um caso difícil de direito como integridade.[155]

Mesmo diante da concretude do texto legal, o julgador sempre terá de proceder à interpretação de aplicação da norma ao caso em questão. Assim, a previsão legal não basta para que o julgador encontre a resposta certa, devendo estabelecer a sequência de que necessita o Direito para ter coerência.[156] É a ideia que Dworkin acredita ao propor a sequência do romance em cadeia: o dever de um juiz é interpretar a história jurídica que encontra, não inventar uma história melhor.[157]

Dworkin visa a estabelecer a coerência jurídica na sociedade, podendo-se perceber que a integridade do Direito segue essa lógica antes mesmo da criação da norma.[158] Se o sistema político entende

---

[155] DWORKIN, Ronald. *O império do Direito*. Tradução: Jefferson Luiz Camargo. Revisão técnica: Gildo Sá Leitão Rios. 3. ed. São Paulo: Martins Fontes, 2014, p. 276.

[156] A interpretação do Direito torna-se, assim, ao mesmo tempo livre da coerção semântica dos textos legais, mas com o compromisso de não extravasar a lei sem coerência. A decisão jurídica é sempre uma nova decisão, mas ao mesmo tempo é uma continuidade histórica do projeto jurídico já iniciado e para o qual ela deve se manter coerente, deve procurar revelar o seu melhor valor e justificá-lo do melhor modo possível do ponto de vista da moral política. (SIMIONI, Rafael Lazzarotto. *Curso de hermenêutica jurídica contemporânea*: do positivismo clássico ao pós-positivismo jurídico. Curitiba: Juruá, 2014, p. 385).

[157] DWORKIN, Ronald. *Uma questão de princípio*. Tradução: Luís Carlos Borges. São Paulo: Martins Fontes, 2000, p. 240.

[158] A integridade do Direito significa, a um só tempo, a densificação vivencial do ideal da comunidade de princípio, ou seja, uma comunidade em que seus membros se reconhecem reciprocamente como livres e iguais e como coautores das leis que fizeram para reger efetivamente a sua vida cotidiana em comum, bem como, em uma dimensão diacrônica, a leitura à melhor luz da sua história institucional como um processo de aprendizado em que cada geração busca, da melhor forma que pode, vivenciar esse ideal. Desse segundo sentido decorre a metáfora do romance em cadeia. (CARVALHO NETTO, 2011, p. 67).

pela necessidade de positivar determinado assunto, é porque existe a necessidade de suprir lacuna apresentada pelas relações da sociedade.

Essa percepção é parte de uma sequência da história, quando se entendera pela necessidade da atuação legislativa para regular determinado objeto. Antes, porém, pode o julgador ter se deparado com tal objeto (sem previsão normativa específica) e ter tido a tarefa de interpretar o Direito conforme sua integridade.

Para maior aprofundamento na tese de Dworkin, pretendendo-se exprimir sua intenção, é preciso que se faça a seguinte análise: o que havia antes da normatização do assunto para que o julgador pudesse encontrar a resposta certa para um caso concreto se a legislação não lhe dava suporte para tanto, já que não havia positivação sobre o assunto?

Dessa forma, mesmo quando a matéria não se encontra devidamente regulada no ordenamento legal, o julgador não pode se furtar de desenvolver uma interpretação cujo enfoque jurídico se projete com a melhor luz ao caso concreto.

Pode-se dizer que não existe um núcleo intocável, o qual não pode ser relativizado ou apreciado mediante as peculiaridades do caso proposto em juízo. O julgador, portanto, deve proceder à leitura da norma considerando todos os demais fatores aplicáveis ao caso para que alcance a adequação do Direito por meio da sequência exigida para o sentido da história.

Ilustra Marcelo Andrade Cattoni de Oliveira:

> A metáfora do romance em cadeia ilustra exatamente todo um processo de aprendizado social subjacente ao Direito compreendido como prática social interpretativa e argumentativa, um processo capaz de corrigir a si mesmo e que se dá ao longo de uma história institucional, reconstruída de forma reflexiva à luz dos princípios jurídicos de moralidade política, que dão sentido a essa história. Fica cada vez mais claro, assim, a partir desse período, que para Dworkin a tese da única resposta correta deve ser compreendida de modo adequado e plausível do ponto de vista interpretativo-construtivo do Direito como integridade.[159]

Portanto, essa tarefa do julgador em encontrar no ordenamento jurídico a resposta certa proposta por Dworkin deve ser praticada como

---

[159] CATTONI DE OLIVEIRA, Marcelo de Andrade. Dworkin: de que maneira o Direito se assemelha à literatura? *Rev. Fac. Direito UFMG*, Belo Horizonte, n. 54, p. 91-118, 2009. Disponível em: http://www.direito.ufmg.br/revista/index.php/revista/article/viewFile/235/216. Acesso em: 24 fev. 2014, p. 95.

uma busca do objeto que já ocupa uma posição nesse ordenamento, mesmo quando pareça haver previsão legal expressa a ser aplicada para o caso, tendo em vista a interpretação que pode relativizar a norma considerando as peculiaridades do caso concreto.

Uma vez que até mesmo as lacunas normativas não interferem na concepção do julgador quando este utiliza a integridade do Direito para encontrar o lugar reservado para o equilíbrio do caso concreto, a norma escrita servirá como ponto de partida para a espiral que se abre através dela para que o local exato da justiça[160] seja encontrado.

O julgador não deve esperar a atuação legislativa para a aplicação do Direito, pois o aparato jurídico normativo, ainda que desatualizado frente às incessantes mudanças comportamentais que exigem um processo de debate legislativo para a positivação da norma, proporciona, por meio da busca pelo melhor ângulo a ser analisado o caso, a possibilidade de se encontrar a resposta que o Direito guarda para o mesmo.

A tarefa, no entanto, não é simples. Jacques Derrida considera a justiça como aporia, algo como uma experiência do impossível, pois explica que para cada situação com reflexos jurídicos, haverá uma formação de equilíbrio onde repousará o conflito, que pode ser entendido por justiça, sendo impossível, portanto, por meio de previsões legais que trazem condições passadas e que sempre estão por vir, encontrar a justiça por meio de um sistema normativo.

Entretanto, ainda quando considerada aporia,[161] a justiça deve ser sempre o cerne da intenção do julgador.

---

[160] E, neste quadro, uma resposta às pretensões sociais sempre acrescidas, renovadas e complexificadas – veja-se, exemplificadamente, o caso das demandas por saúde – necessariamente passa pela questão do princípio de justiça que substrata tal sociedade. Talvez só assim, com um acordo circunstancial e temporário acerca do conteúdo deste princípio, sempre passível de revisão e atualização, poderíamos construir respostas adequadas ao conjunto acrescido de demandas que chegam ao Estado-jurisdição buscando a satisfação dos mais e melhores conteúdos peculiares ao Estado Democrático de Direito. (BOLZAN DE MORAIS, José Luis. O Estado constitucional – entre justiça e política. Porém, a vida não cabe em silogismos! In: MACHADO, Felipe; CATTONI, Marcelo (coord.). Constituição e processo: entre o Direito e a política. Belo Horizonte: Fórum, 2011. p. 169).

[161] Pelo exposto, verifica-se que, no Direito, a questão da justiça é, estrategicamente, enterrada e dissimulada. Nesse caso, o julgador, ao implementar a técnica da ponderação, nada mais está do que reproduzindo uma "máquina de calcular", como nos adverte Derrida. O alcance do justo está muito distante dessa tarefa, quiçá mecânica, de cálculo, já que a ponderação será efetivada por meio da utilização do princípio da proporcionalidade que importa na observância de três subprincípios: primeiro, a análise da adequação; segundo, a necessidade; e terceiro, a proporcionalidade em sentido estrito. É a verificação, matematizada, desses três critérios, que importará na aplicação racional da técnica da ponderação. Pela adequação, o julgador deve apreciar para que a restrição de um princípio seja idônea o suficiente para

Nisso se resume o lugar onde o Direito encontra sua aplicação,[162] e sua integridade deve ser absorvida pelo julgador e para aqueles a quem o julgamento é dirigido, devendo-se atentar, principalmente, para o fato de que os casos a serem analisados guardam em si uma singularidade que deverá obter uma resposta do ordenamento jurídico conforme o entendimento da leitura ordenada do contexto jurídico, devendo a sua completude ser alcançada quando as partes também entendem que a decisão se pautou em conceitos de equanimidade.

Por meio dos princípios de justiça e equidade deve surgir a intenção das proposições jurídicas escritas, buscando-se encontrar a sua melhor interpretação no contexto de realidade moral que entende ser o que mais proximidade guarda com a comunidade,[163] não criando um direito, mas sim construindo o Direito.[164]

---

garantir a sobrevivência do outro, apesar de afastado; pela necessidade, o julgador irá cuidar para que a restrição de um princípio deva ser a menor possível para a proteção do interesse contrário. Já a proporcionalidade em seu sentido estrito impõe a observância de que a restrição a um interesse deva compensar o grau de sacrifício imposto ao interesse antagônico. Como bem se observa dessa fórmula "perfeitamente" matemática, o sacrifício, o ato de violência, a imposição do entendimento de uma autoridade é o cerne de um discurso argumentativamente construído para a efetivação de uma dissimulada justiça que terá que conviver com essas contradições. (BAPTISTA, Isabelle de. A desconstrução da técnica da ponderação aplicável aos direitos fundamentais, proposto por Robert Alexy: uma reflexão a partir da filosofia de Jacques Derrida. *Revista do Tribunal de Contas do Estado de Minas Gerais*, v. 77, n. 4, ano XXVIII, 2010. Disponível em: https://revista1.tce.mg.gov.br/Content/Upload/Materia/1086.pdf. Acesso em: 20 de fevereiro de 2014, p. 105-106).

[162] O esforço de Derrida em Força de Lei consiste em reter o dogmatismo da hermenêutica jurídica (e de qualquer dogmatismo que se apresente) e em conservar um espaço interpretativo para o texto jurídico (e para todos os outros "textos"), visando não à decisão verdadeiramente justa (pois, para Derrida, é impossível falarmos diretamente da justiça, senão obliquamente), mas sim, a menos violenta e, sobretudo, a mais responsável. (DARDEAU, Denise. Aporias da justiça – entre Lévinas e Derrida. *Sapere Aude*, Belo Horizonte, v. 4, n. 7, p. 182, 2013. ISSN: 2177-6342. Disponível em: http://periodicos.pucminas.br/index.php/SapereAude/article/viewFile/5471/5480. Acesso em: 20 de fevereiro de 2014, p. 182).

[163] Dworkin é um realista moral. Ou pelo menos é o que parece quando sua crença de que existem respostas corretas para as questões jurídicas se justapõe a sua crença em que os juízes devem "identificar os direitos e deveres jurídicos, na medida do possível, a partir do pressuposto de que foram todos criados por um único autor – a comunidade personificada – expressando uma concepção coerente de justiça e equidade. (POSNER, Richard A. *Problemas de filosofia do Direito*. Tradução: Jefferson Luiz Camargo. São Paulo: Martins Fontes, 2007, p. 269).

[164] Devem os princípios e não as políticas fundamentar as decisões judiciais, na medida em que, como dizem os autores, aqueles "remetem aos conteúdos morais dos direitos fundamentais". Assim, ao aplicador e não ao legislador é dado, no enfrentamento de cada caso e no argumento da sua decisão (para cada caso), reconstruir o direito vigente não sem interpretar as decisões passadas, não sem levar em conta o contexto da sua história institucional e os compromissos assumidos e compartilhados de liberdade e igualdade. Ao fazê-lo o aplicador-intérprete oferece a única decisão correta para aquele caso, promovendo, assim, uma certa estabilidade, a qual, por sua vez, não se confunde com a segurança pretendida pelos positivistas, mas ao contrário, reafirma a contingência do Direito. (CHUEIRI, Vera

Ao analisar determinado ponto de conflito jurídico, deve-se realizar uma tarefa de pesquisar se tal análise lança a melhor luz do contexto jurídico, identificando que a comunidade igualmente percebe aquela solução (decisão jurídica) como a que melhor atende aos seus anseios e reflete seus princípios.[165]

E a partir disso, qualquer desvio que a história encontrar no futuro, apontando-se para as incorreções de determinada postura que melhor refletia o Direito na época, será obra da imperfeição que a própria humanidade traz em si. Como um paradigma estabelecido é superado por outro, um conceito falível é substituído por outro considerado melhor, como óculos que filtram o olhar, que moldam a vivência da realidade.[166]

Se as decisões jurídicas forem proporcionais à falibilidade[167] que se atrela às imprecisões da linguagem ou à vontade da comunidade, então o equilíbrio que se espera com a interpretação do Direito como integridade será alcançado, pois são medidas que se completam na origem.

Tal conclusão decorre da constatação de que a falibilidade, tanto na elaboração política da norma quanto na sua aplicação, também não pode ser desconsiderada da integridade do Direito, uma vez

---

Karam. *In*: CARVALHO NETTO, M.; SCOTTI, Guilherme. *Os direitos fundamentais e a (in) certeza do Direito*: a produtividade das tensões principiológicas e a superação do sistema de regras. Prefácio, 1. ed. Belo Horizonte: Fórum, 2011, p. 10).

[165] A decisão jurídica deve atentar aos princípios da moralidade política mais que às políticas públicas do governo, pois só assim a prática jurídica consegue manter o equilíbrio adequado entre constitucionalismo e democracia, entre uma leitura moral do Direito e uma leitura pragmatista da eficiência econômica. Assim, afirmando as virtudes mais originárias do Direito com base na liberdade, igualdade, equidade processual e integridade, Dworkin firma as bases do Direito em uma convicção jurídica autônoma para resolver os problemas sociais concretos. E, nesse sentido, o fundamento do Direito nesse substancialismo – como também, de certo modo, na hermenêutica de Lênio Streck – está na comunidade, nas tradições e projetos mais autênticos da comunidade política. (SIMIONI, Rafael Lazzarotto. Decisão jurídica e autonomia do Direito: a legitimidade da decisão para além do constitucionalismo e democracia. *In*: FIGUEIREDO, Eduardo Henrique Lopes; MONACO, Gustavo Ferraz de Campos; MAGALHÃES, José Luiz Quadros de. *Constitucionalismo e democracia*. Rio de Janeiro: Elsevier, 2012, p. 152).

[166] Esse pano de fundo compartilhado de silêncio, na verdade, decorre de uma gramática de práticas sociais que realizamos todos os dias sem nos apercebermos dela e que molda o nosso próprio modo de olhar, a um só tempo aguça e torna precisa a nossa visão de determinados aspectos, cegando-nos a outros, e isso é parte da nossa condição humana. (CARVALHO NETTO, 2011, p. 31-32).

[167] Somos seres humanos, datados, com o olhar marcado por aquilo que vivemos. Só podemos ver o que a nossa sociedade permite que vejamos, o que nossa vida concreta em sociedade permite que vejamos. Qualquer luz necessariamente projeta sombras. Se podemos ver muito bem alguns aspectos é porque outros restam ofuscados pelo brilho daqueles que enfocamos em destaque. Toda produção de conhecimento requer redução de complexidade e, nessa medida, produz igualmente desconhecimento. (*Ibidem*, p. 28).

que é de sua essência a aversão à mecanização do Direito como algo matematicamente calculável.

O Direito aplicado ao caso concreto, quando discutível ou não aceito pela comunidade, reflete uma arbitrariedade[168] ou a mencionada falibilidade da decisão e que deve ser reconhecida como proporcional à imperfeição humana, daí carecendo uma precisão a qual não se pode exigir, considerando que se está vivendo sob um paradigma que pode ser superado por se tornar ultrapassado ou incoerente com a comunidade.

Por outro lado, a decisão jurídica incontestada encontrou seu espaço no ordenamento jurídico, pois alcançou os anseios que se espera no momento decisório de construir a resposta correta, refletindo a melhor luz do Direito, tomando-se uma posição de resistência no universo jurídico na qual outra não se assentará e que servirá de suporte para outras futuras decisões que estabelecerão a sequência de uma lógica construtiva.

Dessa exposição, a ideia da impenetrabilidade se apresenta como a resposta certa no Direito na qual, sopesando a falibilidade indissociável da atuação humana, alcança dimensão espacial e temporal aceita como base para a continuidade da história, possuindo tal forma que, quando estabelecida, gerará novas ramificações.

Aliás, o conceito que se visa a transmitir não se confunde, mas pretende se complementar, com o conceito de paradigma constituído por Thomas Kuhn[169] e a projeção dos paradigmas[170] na ótica de Habermas.[171]

---

[168] Jurisprudência não significa simplesmente um conjunto de casos julgados. Um caso isolado, que tenha "quebrado" a sequência de decisões e que não tenha sido seguido, provavelmente terá sido fruto de decisão arbitrária. (STRECK, Lenio Luiz. O problema do "livre convencimento" e do "protagonismo judicial" nos códigos brasileiros: a vitória do positivismo jurídico. *In*: BOLZAN DE MORAIS, José Luis; BARROS, Flaviane de Magalhães. *Reforma do processo civil* – perspectivas constitucionais. Belo Horizonte: Fórum, 2010, p. 65).

[169] Sobre o sentido de paradigma, como se sabe, seu uso atual no contexto científico, é devido a T. S. Kuhn (1922-1996) em sua obra *The structure of scientific revolution* (1962). Segundo Kuhn, em épocas normais, mais ou menos longas, a ciência opera com um conjunto de suposições, ou modelos, conhecido por paradigma, que orienta o desenvolvimento posterior das pesquisas científicas, na busca de soluções para os problemas por elas suscitados, em períodos excepcionais, ou revolucionários, o velho paradigma fracassa e dá lugar, não sem disputa, a um novo paradigma. (MORAES, Maria Celina Bodin de. *Princípios do direito civil contemporâneo*. Rio de Janeiro: Renovar, 2006, p. 1-2).

[170] Paradigma (...) é realização científica universalmente reconhecida em um determinado período de tempo e que se altera por meio de rupturas nos aspectos centrais das visões de mundo até então dominantes. Assim, o paradigma estabelece um conjunto de aspectos metodológicos, convenções linguísticas e formas de realização/interpretação de experimentos, o que estabelece valores, crenças, técnicas, problemas e soluções modelares compartilhados por uma dada comunidade de cientistas. (SOUZA CRUZ, Álvaro Ricardo. *Habermas e o Direito Brasileiro*. Prefácio. 2. ed. Rio de Janeiro: Lumen Juris, 2008. p. XVI).

[171] Por esse último (paradigmas do Direito), entendo as visões exemplares de uma comunidade jurídica que considera como os mesmos princípios constitucionais e sistemas de direitos

Em outras palavras, encontrada a resposta certa por meio dos métodos elaborados por Dworkin, a posição adotada encontrará tal predominância nos contextos políticos e jurídicos (naquele local e naquele momento) que se tornará impenetrável como um corpo que ocupa um espaço em um determinado tempo.

Como ilustração da proposta de impenetrabilidade da resposta certa, pode-se tomar como exemplo o caso *Brown x Board Education of Topeka*,[172] julgado pela Suprema Corte dos Estados Unidos da América, quando, após sua decisão, iniciou-se o processo de não-segregação racial em escolas públicas americanas. Atualmente é inconcebível na sociedade tamanha discriminação racial praticada pelo Estado. A isso se deve a resposta certa construída no caso referido e que serviu de fator invariável para futuros entendimentos jurídicos e posturas políticas.

Torna-se, aos padrões sociais, por si só, algo insustentável e censurável, como o exemplo da escravidão considerada "uma prática hoje absolutamente injusta por princípio, sem que seja necessário justificar por que a escravidão é injusta".[173] Tal posição/decisão política é impenetrável do ponto de vista da aceitação da comunidade. Ou seja, ocupa no atual contexto temporal e espacial um lugar impenetrável por outro entendimento.

Dessa forma, a "única resposta correta" é estabelecida como invariável, um fator constante a embasar e projetar o enfoque das proposições que estarão por vir, estabelecendo o ponto de sequência e sentido das futuras decisões.

---

podem ser realizados no contexto percebido de uma dada sociedade. (...) Um paradigma delineia um modelo de sociedade contemporânea para explicar como direitos constitucionais e princípios devem ser concebidos e implementados para que cumpram naquele dado contexto as funções a eles normativamente atribuídas. (FERNANDES, Bernardo Gonçalves; PEDRON, Flávio Quinaud. *O Poder Judiciário e(m) crise*. Rio de Janeiro: Ed. Lumen Juris, 2008. p. 14).

[172] No aludido precedente, a Suprema Corte considerou que as leis estaduais que autorizavam segregação baseada em raça, em escolas públicas de ensino fundamental e médio, violavam a Cláusula de Proteção Igualitária da Décima Quarta Emenda da Constituição americana, derrubando quase 60 anos de entendimento que a autorizava, segundo a concepção dos "separados mas iguais". Em particular, *Brown* é o paradigma da capacidade da jurisdição em proteger os direitos e trazer voz para as minorias; no caso, os negros. (NUNES, Dierle José Coelho. Fundamentos e dilemas para o sistema processual brasileiro: uma abordagem da litigância de interesse público a partir do processualismo constitucional democrático. *In*: QUADROS DE MAGALHÃES, José Luiz. *Constitucionalismo e democracia*. Rio de Janeiro: Elsevier, 2012, p. 168).

[173] SIMIONI, Rafael Lazzarotto. Decisão jurídica e autonomia do Direito: a legitimidade da decisão para além do constitucionalismo e democracia. *In*: FIGUEIREDO, Eduardo Henrique Lopes; MONACO, Gustavo Ferraz de Campos; MAGALHÃES, José Luiz Quadros de. *Constitucionalismo e democracia*. Rio de Janeiro: Elsevier, 2012, p. 157.

Maria Celina Bodin de Moraes empresta conceitos da física para desenvolver interessante analogia entre o Direito e a teoria da relatividade de Einstein:

> Albert Einstein foi o primeiro a identificar a relatividade de todas as coisas: do movimento, da distância, da massa, do espaço, do tempo. Mas ele tinha em mente um valor geral e absoluto, em relação ao qual valorava a relatividade: a constância, no vácuo, da velocidade da luz. Seria o caso, creio eu, de usar esta analogia, a da relatividade das coisas e a do valor absoluto da velocidade da luz, para expressar que também no Direito, hoje, tudo se tornou relativo, ponderável, em relação, porém, ao único princípio capaz de dar harmonia, equilíbrio e proporção ao ordenamento jurídico de nosso tempo: a dignidade da pessoa humana, onde quer que ela, ponderados os interesses contrapostos, se encontre.[174]

Conforme expressado, o cientista percebeu a relatividade de todas as coisas. Porém, concluiu que um ponto da pesquisa era absoluto, ou seja, impenetrável em relação a outros conceitos. Ou seja, trabalha-se com o pressuposto de relatividade concernente a determinados elementos (massa, movimento, distância, tempo) e da existência de um fator absoluto (velocidade da luz).

Trazendo a analogia para o presente trabalho, considerando a figuração exposta, os elementos variáveis sempre estarão sujeitos à interpretação construtiva para se estabelecer sua posição perante o fator invariável da atual política de proteção aos direitos fundamentais, devendo-se considerar nessa aferição a falibilidade indissociável da atuação humana na fundamentação e aplicação das normas. Dessa falibilidade, consequentemente e na medida de sua imperfeição, decorrerão imprecisões nas construções e conclusões jurídicas.

3.5 A interpretação construtiva do Direito

A interpretação construtiva do Direito no intuito de proporcionar a visão que melhor reflita o propósito da comunidade é para Dworkin que "o princípio judiciário de integridade instrui os juízes a identificar direitos e deveres legais, até onde for possível, a partir do pressuposto

---

[174] MORAES, Maria Celina Bodin de. O conceito de dignidade humana: substrato axiológico e conteúdo normativo. *In*: SARLET, Ingo Wolfgang. *Constituição, direitos fundamentais e direito privado*. Porto Alegre: Livraria do Advogado, 2003, p. 147.

de que foram todos criados por um único autor – a comunidade personificada,[175] – expressando uma concepção coerente da justiça e equidade".[176]

A tendência do pós-positivismo[177] agregada à cultura do neoconstitucionalismo, que amoldou a feição de constitucionalização do Direito,[178] aparece no cenário jurídico atual em indiscutível pertinência com o trabalho desenvolvido por Dworkin, uma vez que, vislumbrando-se cada vez mais complexas as relações jurídicas, deve o Direito estar preparado para as soluções de conflitos.

O texto positivado, incapaz, por si só, de estabelecer o equilíbrio jurídico das relações entre indivíduos, necessita da reconstrução do Direito a cada caso posto em análise, levando-se em conta sua singularidade, por meios que persigam os princípios inerentes à comunidade e que reflitam a melhor leitura da norma, amoldando-se

---

[175] Como é cediço, Dworkin transfere essa ideia de princípio da pessoa para a comunidade política. Isso significa que, tal qual é possível observar essa estrutura principiológica no homem, também o é na comunidade que se forma a partir dele e por ele. (STRECK, Lenio Luiz. *Verdade e consenso*: constituição, hermenêutica, e teorias discursivas. Da possibilidade à necessidade de respostas corretas em Direito. 3. ed. Rio de Janeiro: Lumen Juris, 2009, p. 499).

[176] DWORKIN, Ronald. *O império do Direito*. Tradução: Jefferson Luiz Camargo. Revisão técnica: Gildo Sá Leitão Rios. 3. ed. São Paulo: Martins Fontes, 2014, p. 271-272.

[177] Portanto, a compreensão da lei a partir da Constituição expressa uma outra configuração do positivismo, que pode ser qualificada como positivismo crítico ou pós-positivismo, não porque atribui às normas constitucionais o seu fundamento, mas sim porque submete o texto da lei a princípios materiais de justiça e direitos fundamentais, permitindo que seja encontrada uma norma jurídica que revele a adequada conformação da lei. (MARINONI, Luiz Guilherme. *A jurisdição no estado constitucional*. São Paulo: RT, 2007, p. 53).

[178] O fenômeno da "constitucionalização" do Direito ocorre, como lembra Daniel Sarmento, com a nova configuração das constituições que surgem após a 2ª Guerra, quando elas deixam de ter um papel apenas inspirativo (isto é, não vinculante ao legislador e, logo, não judicializável) e passam a conter um extenso catálogo de (novos) direitos fundamentais que reclamam a atuação do Estado, espraiando seu alcance por sobre todas as áreas do Direito. Essas constituições, portanto, não são mais apenas "instrumentos de governo" ou declarações formais de direitos individuais e políticos, agora, ao contrário, são muito mais extensas (espraiando seu alcance sobre todos os ramos do Direito, traçam programas para o futuro, são constituições dirigentes, que pretendem trazer em si o planejamento das ações dos legisladores que se seguirem (independentemente da orientação política destes. Elas alargam o rol dos direitos fundamentais, dotando, inclusive, o cidadão e entes especialistas (como o Ministério Público) de meios para a defesa judicial destes direitos. (NUNES, Dierle José Coelho. Fundamentos e dilemas para o sistema processual brasileiro: uma abordagem da litigância de interesse público a partir do processualismo constitucional democrático. *In*: QUADROS DE MAGALHÃES, José Luiz. *Constitucionalismo e democracia*. Rio de Janeiro: Elsevier, 2012, p. 106).

para que o resultado da interpretação seja a ponta da cadeia para a solução de novos casos.[179]

Esse exercício de aplicação, quando identificado em consonância com os princípios da comunidade e conforme a sequência interpretativa coerente do Direito como integridade, deve estar presente na intenção do julgador em perseguir a justiça.

Estabelecida e aceita a decisão jurídica pela comunidade, orientada pelos princípios que a regem, o posicionamento adotado servirá de ponto de resistência em relação a retrocessos,[180] afastando o convencionalismo do passado por se considerar que o "Direito como integridade começa no presente e só se volta para o passado na medida em que seu enfoque contemporâneo assim o determine".[181]

Para tanto, a impenetrabilidade proposta em relação à resposta certa considera o princípio da igualdade como ordem primária das ações políticas e do entendimento jurídico das normas em uma sociedade democrático-cooperativa, a chamada comunidade de princípios.

Nesse contexto, a impenetrabilidade da resposta certa se revela como característica do Direito alcançado por meio de sua interpretação construtiva. Ou seja, servirá como suporte de novas interpretações futuras, as quais estarão vinculadas pela coerência a ser mantida na sequência interpretativa do Direito como integridade, não se esquecendo, inclusive, das suas imprecisões quando se revelarem proporcionais às falíveis interpretações normativas.

---

[179] O Direito como integridade exige que as decisões jurídicas admitam que "o Direito é estruturado por um conjunto coerente de princípios sobre a justiça, a equidade e o devido processo legal. E exige que esses princípios sejam sempre aplicados nos novos casos. Não se trata de coerência com objetivos políticos – com as *policies* – que hoje podem ser diferentes do que vão ser as prioridades políticas de amanhã, mas sim uma coerência com princípios de moralidade política: coerência e integridade a despeito das diversidades de convicções morais da comunidade. (SIMIONI, Rafael Lazzarotto. *Curso de hermenêutica jurídica contemporânea*: do positivismo clássico ao pós-positivismo jurídico. Curitiba: Juruá, 2014, p. 386).

[180] O princípio da proibição do retrocesso social pode formular-se assim: o núcleo essencial dos direitos sociais já realizado e efetivado através de medidas legislativas (...) deve considerar-se constitucionalmente garantido, sendo inconstitucionais quaisquer medidas estaduais que, sem a criação de outros esquemas alternativos ou compensatórios, se traduzam na prática numa "anulação", "revogação" ou "aniquilação" pura e simples desse núcleo essencial. A liberdade de conformação do legislador e inerente auto-reversibilidade têm como limite o núcleo essencial já realizado, sobretudo quando o núcleo essencial se reconduz à garantia do mínimo de existência condigna inerente ao respeito pela dignidade da pessoa humana. (CANOTILHO, 2002, p. 339-340).

[181] DWORKIN, Ronald. *O império do Direito*. Tradução: Jefferson Luiz Camargo. Revisão técnica: Gildo Sá Leitão Rios. 3. ed. São Paulo: Martins Fontes, 2014, p. 274.

3.6 As Súmulas Vinculantes sob a luz da integridade do Direito

A expressão impositiva que carrega o instituto das Súmulas Vinculantes traz uma noção fechada sobre sua aplicação: se é "vinculante" não se pode se desviar.

Sob o enfoque dado ao tema nas teorias de Dworkin e Hart, os textos normativos, assim como os precedentes, não fornecem pela linguagem a precisão da aplicação do Direito, restando ao julgador estabelecer o padrão decisório a ser utilizado.

Sendo característica comum da linguagem a imprecisão quanto à receptividade de seu significado, a norma escrita, igualmente, possui tal condição. Portanto, à Súmula Vinculante, na condição de texto normativo,[182] impõem-se as mesmas imperfeições verificadas quanto às leis em geral no que tange à interpretação, tendo em vista a similitude quanto à forma.

A aplicação direta do enunciado de Súmula Vinculante vai de encontro à teoria de Hart, apresentando-se em pleno confronto com a ideia do Direito como uma textura aberta, pois se o entendimento de Hart é justamente a imprecisão dos conceitos jurídicos apresentados por meio da linguagem, viabilizando a escolha pelo juiz da decisão jurídica entre várias possíveis, um texto de caráter vinculante sofre as mesmas limitações de significados, deixando, novamente, ao critério do juiz sua aplicação ou não.

No entanto, em outra ótica, pode-se perceber que as Súmulas Vinculantes, sob o aspecto hartiano, impedem a escolha da melhor decisão jurídica entre várias, pois seu caráter de observância obrigatória afasta a possibilidade de opção, haja vista se tratar de resposta definitiva do Judiciário sobre questão jurídica.

Não sendo compatível com o modelo de Hart, inserem-se as Súmulas Vinculantes no contexto de integridade do Direito no ponto que

---

[182] Nos dias atuais, pode-se constatar a presença do estilo de interpretação, de argumentação e também de decisão da Escola da Exegese. A justificação jurídica de segurança e da simplicidade das súmulas vinculantes é apenas uma das ilustrações possíveis. E exatamente por isso que a súmula vinculante, como texto que é, também fica sujeita à interpretação, a ponto de logo ser necessária, no lado do silogismo jurídico, uma súmula das súmulas, e no lado dos fatos, recursos à argumentação jurídica necessária para justificar narrativas que complicam a simplicidade e segurança daquele silogismo. (SIMIONI, Rafael Lazzarotto. *Curso de hermenêutica jurídica contemporânea*: do positivismo clássico ao pós-positivismo jurídico. Curitiba: Juruá, 2014, p. 48).

podem ser tomadas como elemento de convicção do juiz considerando os demais elementos normativos do Direito, produzindo-se o seu desenvolvimento sequencial quando devidamente contextualizada.[183]

A sua aplicação depende de outros fatores dispostos no ordenamento jurídico e, por tal motivo, sua linearidade com o caso em concreto não é suficiente para sua vinculação direta e imediata, como única norma a reger o caso. A integridade do Direito pressupõe a harmonia das normas que reproduz na decisão jurídica o melhor enfoque de tal contexto, descartando-se a possibilidade de aplicação isolada do enunciado da Súmula Vinculante, seguindo-se a sequência coerente do Direito.

---

[183] Observe-se que uma decisão pode estar aparentemente fundamentada com um verbete; entretanto, se o verbete jurisprudencial não estiver contextualizado, a decisão sofre(rá) a mácula constitucional. (STRECK, Lenio Luiz. O problema do "livre convencimento" e do "protagonismo judicial" nos códigos brasileiros: a vitória do positivismo jurídico. *In*: BOLZAN DE MORAIS, José Luis; BARROS, Flaviane de Magalhães. *Reforma do Processo Civil* – perspectivas constitucionais. Belo Horizonte: Fórum, 2010, p. 68).

CAPÍTULO 4

A LEITURA CONSTITUCIONAL DAS SÚMULAS VINCULANTES

4.1 Bases jurisprudenciais para formação das Súmulas Vinculantes

A Súmula Vinculante visa a estabelecer um parâmetro de atuação dos órgãos jurisdicionais e da Administração Pública, elevando-se os princípios constitucionais da igualdade, celeridade processual e segurança jurídica.[184] Não é o caso de supressão dos direitos fundamentais de contraditório e ampla defesa, uma vez que permanecem no plano processual, mas sim uma tendência a equalizar as relações jurídicas.

É a materialização do preceito latim *ubi idem ratio, ibi idem jus*, que corresponde ao entendimento: onde houver a mesma razão, aplica-se o mesmo Direito. O brocardo descrito confere primazia ao princípio da igualdade,[185] pois visa a prevenir que relações jurídicas idênticas tenham

---
[184] As Súmulas Vinculantes surgem a partir da necessidade de reforço à ideia de uma única interpretação jurídica para o mesmo texto constitucional ou legal, de maneira a assegurar-se a segurança jurídica e o princípio da igualdade, pois os órgãos do Poder Judiciário não devem aplicar as leis e atos normativos aos casos concretos de forma a criar ou aumentar desigualdades arbitrárias, devendo, pois, utilizar-se de todos os mecanismos constitucionais no sentido de conceder às normas jurídicas uma interpretação única e igualitária. (MORAES, Alexandre de. *Direito constitucional*. 26. ed. rev. e atual. São Paulo: Atlas, 2010, p. 795).
[185] Na realidade, por esse prisma, a súmula constitui um instituto que busca a eliminação das antinomias do sistema. Objetiva-se, em outras palavras, alcançar a coerência que deve haver no Direito. A necessária unidade do Direito não pode ser olvidada. Justamente por se tratar de um sistema pautado pela isonomia e identidade das fontes de comando (os textos normativos são os mesmos) é que o Direito precisa eliminar as contradições internas que eventualmente ocorram (em seus órgãos oficiais de execução do Direito). (TAVARES, André Ramos. *Curso de Direito Constitucional*. 5. ed. São Paulo: Saraiva, 2007, p. 364).

destinos diversos. Esse ponto de discussão deve ser acatado como premissa para a análise do tema relacionado às Súmulas Vinculantes, reconhecendo-o como vetor do sistema jurídico, correspondendo ao anseio elementar da vida em sociedade: indivíduos iguais e livres.

Daí a necessidade, portanto, de se entender que o Direito deve se preocupar com a igualdade jurídica e sua aplicabilidade nos planos material e processual.[186] E percebe-se que a sistemática da vinculação obrigatória dos entendimentos do STF em relação às decisões judiciais pretende observar esse contexto de forma lógica, o que, no entanto, não corresponde a perfeito.[187]

Descreve-se ser lógico porque, mesmo antes de se encontrar previstas as Súmulas Vinculantes na Constituição da República de 1988, já se previa o STF como instância com competência para julgar recursos em face de decisão que contrarie dispositivo da Constituição,[188]

---

[186] (...) assegurará direitos idênticos a todos, mesmo àqueles que não tenham ingressado no Poder Judiciário, mas, eventualmente, pudessem ser lesados pela administração, em virtude de seus efeitos vinculantes não só ao Poder Judiciário, mas também a todos os órgãos da administração pública direta e indireta. (...) Como salientado por Reis Friede, "a reforma constitucional permitirá, sem novos processos, a realização da justiça para os interessados em situação idêntica e reduzirá significativamente a quantidade de processos em tramitação no Judiciário, o que contribuirá para a melhor qualidade da prestação jurisdicional". (MORAES, Alexandre de. *Direito constitucional*. 26. ed. rev. e atual. São Paulo: Atlas, 2010, p. 799).

[187] A possibilidade de que o STF possa vir a editar súmulas desse jaez, vale dizer, supostamente destoantes do Direito positivo, é risco natural e insuperável decorrente da necessidade de que haja um órgão último na aplicação do Direito. Caso contrário, conviver-se-ia com uma série infinita de recursos. É impossível e insuportável optar pela eternização das discussões judiciais. Assim, pode-se afirmar que é um risco inerente a essa necessidade de pôr fim às demandas a eventualidade de que essa última instância acabe perpetuando uma injustiça. É um risco, exista ou não a súmula vinculante. Não é um risco da súmula vinculante. (TAVARES, André Ramos. *Curso de Direito Constitucional*. 5. ed. São Paulo: Saraiva, 2007, p. 364).

[188] A possibilidade de decisões contraditórias, e mesmo a ameaça de uma tendência anárquica dentro do sistema, é minimizada pelo recurso extraordinário (art. 102, III, *a*, *b*, *c* e *d*, da Constituição), que permite ao Supremo Tribunal Federal uniformizar a interpretação em matéria constitucional. (...) A Carta de 1988 ampliou significativamente o direito da propositura do controle abstrato, incorporando entre os entes legitimados diferentes órgãos constitucionais da União e dos Estados, partidos políticos com representação no Congresso Nacional e organizações sociais como as confederações sindicais e as entidades de classe de âmbito nacional. A combinação desses dois sistemas outorga ao Supremo Tribunal Federal uma peculiar posição tanto como órgão de revisão de última instância, que concentra suas atividades no controle das questões constitucionais discutidas nos diversos processos, quanto como Tribunal Constitucional, que dispõe de competência para aferir a constitucionalidade direta das leis estaduais e federais no processo de controle abstrato de normas. (MENDES, Gilmar Ferreira. *Jurisdição constitucional*: o controle abstrato de normas no Brasil e na Alemanha. 6. ed. São Paulo: Saraiva, 2014, p. 50).

praticando o controle difuso (sistema austríaco)[189] de constitucionalidade, e também com competência para exercer controle concentrado de constitucionalidade (sistema americano),[190] além das matérias de competência originária e as demais previstas no art. 103 da CR/88.

Sendo assim, o STF é o órgão do Poder Judiciário incumbido de proceder à leitura da Constituição nos parâmetros de equidade e justiça e conforme o direito, estabelecendo-se para as relações jurídicas colocadas sob seu crivo a uniformidade de entendimento, tanto em controle difuso, quanto em concentrado de constitucionalidade, justamente porque deve observar, necessariamente, a igualdade entre os indivíduos já que é instância última do Judiciário, não podendo adotar posicionamentos distorcidos em relação ao referido preceito.

Portanto, a Constituição da República de 1988, quando se preenchem requisitos formais (notadamente, o reconhecimento de repercussão geral), garante o acesso às partes processuais ao STF de forma ampla, por via difusa, quando decisão proferida em qualquer ação judicial contrariar dispositivo constitucional.[191]

Dessa forma, tal garantia, conjugada à necessidade de se observar o preceito de igualdade, viabiliza que todas as demandas cujas decisões violem dispositivo constitucional sejam revistas pelo STF, pela via recursal, o que, em tese, propiciaria julgamentos com desfechos uniformes em processos de igual teor.

No entanto, as regras processuais, inclusive as inseridas para fins de "simplificar" o processo, apresentam diversas barreiras formais e procedimentais para que se demonstre a necessidade de a demanda

---

[189] O controle pode ser, ainda, abstrato, independentemente da solução de um caso concreto. É, por vezes, chamado também de controle por via direta, por via principal. Esse modelo representa o sistema austríaco de controle de constitucionalidade, inaugurado a partir da Constituição de 1920, por obra e influência decisivas de Kelsen (que chegou a atuar como magistrado daquele tribunal até 1929). (TAVARES, André Ramos. *Curso de Direito Constitucional*. 5. ed. São Paulo: Saraiva, 2007, p. 216).

[190] O controle de constitucionalidade pode ser concreto, subjetivo, quando exercido durante determinado processo jurisdicional, desde que se pretenda, como ele, a resolução de algum ponto de Direito para a solução de uma controvérsia intersubjetiva. (...) Registre-se, ainda, que o controle concreto pode ser realizado de ofício pelo magistrado ou pelo tribunal. O modelo de controle concreto representa o modelo de matriz norte-americana, inaugurado com a célebre decisão de 1803, no caso *Marbury vs. Madison*. (*Ibidem*, p. 216).

[191] Na hipótese de controle difuso, o Supremo Tribunal Federal também o realizará por estar inserido no contexto dos diversos órgãos que são habilitados a reconhecer (difusamente e para o caso concreto) a inconstitucionalidade. Isso ocorre, naquela instância suprema, mediante a propositura de recurso extraordinário. (TAVARES, André Ramos. *Curso de Direito Constitucional*. 5. ed. São Paulo: Saraiva, 2007, p. 220).

ser apreciada pelo STF, o que torna extremamente complexo o trâmite processual e exige técnica aprofundada dos profissionais do Direito.[192]

Esse modelo adotado se apresenta longe de tornar iguais os indivíduos, servindo para que se sedimente a impressão de que somente as classes sociais elevadas e pessoas jurídicas relevantes tenham acesso pleno ao Judiciário, tendo em vista os altos custos do processo, a complexidade processual e o contexto normativo excludente que dificulta o exercício da cidadania por meio do processo, não propiciando o seu acesso.

Dessa forma, as Súmulas Vinculantes se projetam como instrumento de distribuição uniforme e direta do que expressa a CR/88, suprimindo o tratamento excludente dos indivíduos acerca de matérias jurídicas e como maneira de resumir o caminho processual, garantindo às partes processuais igual tratamento e iguais possibilidades.

Possuindo o STF determinado posicionamento sobre um tema específico, e havendo a garantia na CR/88 do acesso ao referido órgão pela via recursal, caso sejam proferidas decisões que contrariem a Constituição em instâncias inferiores, o meio viável para a reforma de decisões de tal natureza seria o recurso cabível para o Supremo.

Porém, o processo, nos moldes previstos na legislação atual, muitas vezes se afigura como óbice para a análise do mérito do caso pelo STF, vindo as Súmulas Vinculantes a minimizar esse problema, pois o posicionamento do STF passa a ser tomado como elemento a ser considerado obrigatoriamente pelas instâncias inferiores.

Definidas as considerações sobre a influência das Súmulas Vinculantes no contexto processual e suas consequências, há de se definir seus limites e aplicações para uma postura jurisdicional adequada e conforme a integridade do Direito.

Nos moldes descritos sobre o tema, tem-se como inevitável a aplicação de determinada Súmula Vinculante quando estiver, primeiramente, em sintonia perfeita com a CR/88, devendo-se aferir

---

[192] A sede reformista (pontual) conduz à situação de os "operadores" generalistas se mostrarem, com o passar do tempo, cada vez menos preparados para dimensionar a avalanche de alterações técnicas. As reformas realizadas sob um rótulo de "acesso à Justiça", que buscariam uma simplificação procedimental, mostram-se pouco compreensíveis, uma vez que o sistema processual vai requisitando, com o passar do tempo, uma atividade cada vez mais técnica dos "operadores", devido ao aumento de complexidade. (NUNES, Dierle José Coelho. Fundamentos e dilemas para o sistema processual brasileiro: uma abordagem da litigância de interesse público a partir do processualismo constitucional democrático. *In*: QUADROS DE MAGALHÃES, José Luiz. *Constitucionalismo e democracia*. Rio de Janeiro: Elsevier, 2012, p. 259).

se não se encontra superada em relação às constantes influências interpretativas que sofre a Constituição.

A partir do momento que uma interpretação da Constituição colide com o enunciado de uma Súmula Vinculante, nasce um movimento que interfere em sua aplicabilidade ao caso concreto. Nesse ponto, é interessante notar que as Súmulas Vinculantes, nos moldes estabelecidos no sistema jurídico brasileiro, igualmente como ocorre com dispositivos legais cuja aplicabilidade é afastada pela via difusa, devem vir a sofrer tal tipo de restrição,[193] por não condizer com preceitos constitucionais relativos a determinado caso concreto.[194]

Em linhas gerais, pode-se atestar que o enunciado de uma Súmula Vinculante destoante da realidade constitucional da sociedade não pode prevalecer nas relações jurídicas. Daí a ideia daqueles que defendem o controle difuso de constitucionalidade de súmula vinculante frente a um caso específico. A análise de aplicabilidade da Súmula Vinculante não deve ser procedida somente em relação ao fato em concreto discutido em juízo, mas em conjunto com os demais fatores que o rodeiam, tomando-se o enunciado da Súmula Vinculante como uma das fontes do direito para o julgador.

A Súmula Vinculante representa a jurisprudência (dominante) do STF, devendo ser tomada, portanto, como fonte mediata do Direito.[195]

---

[193] Diante desse contexto, reafirmamos a necessidade de admitir o controle difuso de constitucionalidade das súmulas vinculantes sob pena de infringirmos os princípios constitucionais do direito de ação e da independência decisória, e do Judiciário se transformar numa estrutura autoritária, hierarquizada e burocrática, no qual não há lugar para a independência apenas para a obediência e dependência, em total confronto com o Estado Democrático de Direito presente na CF de 1988, diante do qual os juízes são independentes, mesmo que existam diversos graus de jurisdição. (...) Não admitir o controle difuso é dar à súmula uma resposta para todas as perguntas possíveis e imagináveis. Portanto, é colocar a Súmula Vinculante em um plano anti-hermenêutico. Se uma Súmula Vinculante é um texto, o é tanto para a apreciação no controle difuso como para o caso concentrado. (STRECK, Lenio Luiz; ABBOUD, Georges. *O que é isto, o precedente judicial e as súmulas vinculantes?* 2. ed. rev. atual. Porto Alegre: Livraria do Advogado, 2014, p. 123-124).

[194] Atribuir caráter normativo/legislativo à súmula vinculante, além de ser a maneira mais adequada de demonstrar sua natureza jurídica, possibilita uma forma democrática de ser realizado seu controle, por meio de controle difuso de constitucionalidade de súmula vinculante. (...) A possibilidade de se realizar controle difuso de constitucionalidade de súmula vinculante já está presente na doutrina de Nelson Nery Júnior e Rosa M. Andrade Nery ao disporem que: "como o juiz pode controlar, *in concreto*, a constitucionalidade de lei, complementar ou ordinária, ou de ato normativo contestado em face da CF, a ele é possível, também, fazer o controle da constitucionalidade de verbete de súmula vinculante do STF, que tem caráter geral e normativo". (*Ibidem*, p. 118).

[195] Entendemos, no entanto, não se possa qualificar cientificamente a jurisprudência como fonte formal porque, nos sistemas de Direito escrito, a repetição, ainda que iterativa e constante, do pronunciamento dos tribunais, tem por base a regra legal, e não a decisão

Embora a Lei nº 11.417/06 e a própria CR/88 imponham a adoção dos enunciados das súmulas em discussão, não se pode esquecer que representam um entendimento interpretativo da Constituição desenvolvido pelo Poder Judiciário que passa a ser, dessa maneira, uma fonte indireta de aplicação do Direito.

Essa construção visa a esclarecer que a Súmula Vinculante deverá ser utilizada como fonte mediata do Direito que, estando conforme com a Constituição e as leis (fontes imediatas), deverá somente após essa verificação ser perfeitamente aplicada.[196]

No entanto, o Poder Judiciário, possuindo instrumento de tal grandeza constitucionalmente estabelecido, por vezes, parece extrapolar seus limites de atuação, dentro da noção de que as Súmulas Vinculantes devam ser tratadas como fonte mediata do Direito.

Ao estabelecer determinada interpretação à Constituição e editar uma Súmula Vinculante sobre determinado tema, não se pode considerar tal entendimento em sobreposição às normas, enquanto fontes imediatas do Direito, que deram suporte ao STF para sua decisão.[197]

Ou seja, para se alcançar o posicionamento acerca da interpretação da Constituição consubstanciada na Súmula Vinculante, deve-se

---

judiciária, em si mesma. Mas não negamos à jurisprudência o valor de fonte informativa ou intelectual do Direito. Na sua função específica, os tribunais, aplicando e interpretando a lei, vivificam-na e adaptam-na às transformações econômicas e sociais. (PEREIRA, Caio Mario da Silva. *Instituições de Direito Civil*. 27. ed. São Paulo: Forense, 2014. V.1, p. 48).

[196] Ora, no caso da súmula vinculante, o que se faz é admitir a força do precedente norte-americano para um específico enunciado que se constrói a partir da decisão. Ela não é atividade meramente legislativa, muito menos com patamar de lei. (...) Remanesce, de qualquer sorte, o fundamento supralegal da súmula (formalmente falando), não se podendo confundi-la com a lei. (TAVARES, André Ramos. *Curso de Direito Constitucional*. 5. ed. São Paulo: Saraiva, 2007, p. 363).

[197] São consideradas fontes formais do Direito a lei, a analogia, o costume e os princípios gerais de Direito (art. 4º da LICC e 126 do CPC); e não formais a doutrina e a jurisprudência. Malgrado a jurisprudência, para alguns, não possa ser considerada, cientificamente, fonte formal de Direito, mas somente fonte meramente intelectual ou informativa (não formal), a realidade é que, no plano da realidade prática, ela tem-se revelado fonte criadora do Direito. Basta observar a invocação da súmula oficial de jurisprudência nos tribunais superiores (STF e STJ, principalmente) como verdadeira fonte formal, embora cientificamente lhe falte essa condição. Essa situação se acentuou com a entrada em vigor, em 19 de março de 2007, da Lei nº 11.417, de 19 de dezembro de 2006, que regulamentou o art. 103-A da Constituição Federal e alterou a Lei nº 9.784, de 29 de janeiro de 1999, disciplinando a edição, a revisão e o cancelamento de enunciado de súmula vinculante pelo Supremo Tribunal Federal. Dentre as fontes formais, a lei é a fonte principal, e as demais são fontes acessórias. Costuma-se, também, dividir as fontes do Direito em diretas (ou imediatas) e indiretas (ou mediatas). As primeiras são a lei e o costume, que por si só geram a regra jurídica; as segundas são a doutrina e a jurisprudência, que contribuem para que a norma seja elaborada. (GONÇALVES, Carlos Roberto. *Direito Civil brasileiro*: parte geral. 9. ed. São Paulo: Saraiva, 2011. V. I, p. 50-51).

proceder à observação dos preceitos e princípios adotados pelo STF para se estabelecer o entendimento. Visa-se a demonstrar, portanto, que o enunciado da Súmula Vinculante não pode ser considerado solitariamente, como se fosse uma fonte imediata do Direito impassível de interpretação e de aplicação de fatores condicionantes.

Essa concepção se apresenta consonante ao Direito como integridade, pois visa a observar todo o contexto normativo para a aplicação do Direito ao caso concreto, utilizando-se não somente o enunciado da Súmula Vinculante, mas também os elementos que o tornaram um entendimento jurisprudencial predominante e as demais disposições aplicáveis ao caso.

Observar o contexto normativo em conjunto com o enunciado da Súmula Vinculante, considerando a integridade do Direito, apresenta-se como necessário para que sejam evitados equívocos de aplicação das súmulas em debate, o que causaria uma perversa inversão das intenções de segurança jurídica e igualdade propostas pela previsão constitucional das decisões de caráter vinculante.[198]

4.2 O posicionamento judicial de vinculação obrigatória e a única resposta correta

O caráter vinculante das Súmulas editadas pelo STF com tais efeitos obriga que seja considerado seu enunciado a interpretação (concretamente) correta daquilo que a Constituição é ou pretende ser, positivando-se o entendimento. Ou seja, não se trata de uma construção jurisprudencial constituída como fruto da leitura dos precedentes.

A CR/88 impõe à Administração Pública e às instâncias inferiores que a interpretação estabelecida pelo STF e exposta na Súmula Vinculante seja a observada nos casos cujo conteúdo seja igual, descartando e desprovendo a possibilidade de aplicação de todos os demais

---

[198] É a integridade do Direito a exigir atenção permanente às especificidades únicas e irrepetíveis dos casos concretos, com vistas à promoção simultânea à justiça (*justice*) e à segurança jurídica (*fairness*), que também permite que nos libertemos do mito da possibilidade de decisão padrão capaz de se autoaplicar a todos os casos semelhantes. Cada decisão que assim se apresentar configurará, outra vez, como norma geral e abstrata, estruturalmente indeterminada, introdutora de maior complexidade social, vez que na qualidade de orientação voltada ao futuro também incentivará, por seu turno, pretensões abusivas em relação a ela, as quais só poderão ser desmascaradas mediante o exame reconstrutivo e criterioso da unicidade irrepetível de cada caso concreto que venha a se apresentar. (CARVALHO NETTO, 2011, p. 15-16).

entendimentos a respeito da matéria no plano jurídico. Pode-se dizer que formalmente a matéria é esgotada, porém é pertinente se verificar se materialmente a posição do STF deve ser tida também como o encerramento da questão.

O STF, ao promover a criação de determinada súmula de efeitos vinculantes, deve se utilizar dos elementos do Direito em sua integridade, para perfeita sintonia com contexto jurídico, político e social, para que seja, de fato, aplicável pelos demais órgãos judiciários, devendo traduzir um ponto de vista judicial de interpretação evolutiva. Importante enfatizar que deve-se tratar, conforme descrito, de um posicionamento interpretativo a partir da aplicação do Direito sob o enfoque jurídico-hermenêutico.[199]

O problema é que essa tarefa interpretativa deve ser sempre desenvolvida pelos juízes em suas decisões, devendo toda sentença corresponder à equalização do conflito presente na relação processual.

Sendo a decisão fruto de um trabalho jurídico-hermenêutico, o entendimento divergente de determinada Súmula Vinculante deve prevalecer quando a conclusão prevenir violação de direitos fundamentais.

Dessa forma, as Súmulas Vinculantes compõem o ordenamento jurídico servindo de orientação jurisprudencial vinculante, as quais devem ser aplicadas considerando o Direito como integridade, observando-se as demais fontes do Direito (imediatas e mediatas), possibilitando o julgador a construir uma decisão amparada em todos esses elementos e que determinará se materialmente a Súmula Vinculante supre o caso concreto.

Portanto, não é a previsão constitucional de aplicação obrigatória de entendimento jurisprudencial do STF, sintetizado na súmula, que será capaz de suprimir a interpretação do sistema jurídico pelo julgador, uma vez que o Direito como integridade propõe que todo o sistema normativo seja considerado para a sintonia fina entre o caso concreto e a lei, impossível por meio da aplicação somente de um enunciado.

A resposta correta, entendida como a decisão jurídica perseguida pelo Direito nos casos concretos, pressupõe sempre uma leitura evolutiva

---

[199] Hermenêutica, em sentido técnico, é a teoria científica da interpretação, ou, na palavra de Carlos Maximiliano, hermenêutica jurídica é ciência que 'tem por objeto o estudo e a sistematização dos processos aplicáveis para determinar o sentido e o alcance das expressões do Direito'. (MONTORO, André Franco. *Introdução à ciência do Direito*. 25. ed. São Paulo: Editora Revista dos Tribunais, 1999, p. 370).

contextual que, quando estabelecida, será um novo marco para futuros entendimentos, devendo ser utilizada sempre que sua aplicação ao caso concreto seja necessária para garantir os preceitos constitucionais. Na via contrária, a aplicação de Súmula Vinculante deverá ser afastada quando, apesar de aparente adequação, perceber-se que serão afetados direitos fundamentais.

4.3 A inconsistência das Súmulas Vinculantes diante de fatos não perfeitamente adequados

O processo de formação legislativa, tendo as leis como fontes imediatas do Direito, e o desenvolvimento doutrinário e a jurisprudencial, fontes mediatas, são interferidos pelas feições que determinada matéria ganha devido à sua conformação no plano das interpretações que derivam das concepções constitucionais. Atualmente, tem-se admitido a concepção de sociedade aberta de intérpretes[200] da Constituição, proporcionando a reestruturação constante do ordenamento jurídico.

Diante das considerações sobre a natureza da Súmula Vinculante enquanto fonte mediata do direito, devendo sua aplicação não desconsiderar o contexto normativo que a originou assim como os demais elementos jurídicos que podem vir a influenciar uma decisão judicial, é importante estabelecer o ponto de partida no qual a aplicação da Súmula Vinculante perfeitamente se adequa ao caso concreto. Ou seja, não se pode, simplesmente, tomar o enunciado de uma Súmula Vinculante e a partir dele dizer o Direito.

Dessa forma, pode o juiz afastar a aplicação de Súmula Vinculante por não se adequar aos anseios que a matriz constitucional propõe para o caso, o que acarreta uma relativização da aplicabilidade das Súmulas Vinculantes, tal qual ocorrerá com as leis em geral e os precedentes.[201]

---

[200] Trata-se de uma das manifestações, no Brasil, da técnica de interpretação pluralista e procedimental da Constituição pensada por Peter Haberle. Segundo o autor alemão, a interpretação constitucional não pode ficar adstrita aos chamados "órgãos oficias"; antes, deve ser aberta a toda a comunidade, ao pluralismo de ideias, a fim de que possa alcançar resultados mais consentâneos com a realidade. E assim o diz reconhecer que todas as pessoas que vivem no contexto da norma são, direta ou indiretamente, destinatários dela e, por isso, devem ser vistos como participantes ativos no processo hermenêutico. (DIDIER JUNIOR, Fredie; BRAGA, Paula Sarno. OLIVEIRA, Rafael de Oliveira. *Curso de Direito Processual Civil*. 9. ed. Salvador: Juspodivm, 2014. V. 2, p. 414).

[201] Percebe-se, com isso, certa maleabilidade na aplicação dos precedentes judiciais, cuja *ratio decidendi* (tese jurídica) poderá, ou não, ser aplicada a um caso posterior, a depender de traços peculiares que o aproximem ou afastem dos casos anteriores. Isso é um dado muito

É a leitura constitucional que visa a proporcionar a cada decisão uma postura que contribua para o desenvolvimento e reconhecimento dos aspectos de segurança jurídica e equidade.

As Súmulas Vinculantes se referem a entendimento jurisprudencial que, nos moldes descritos na Constituição da República/88,[202] terá por objetivo estabelecer a validade, a interpretação e a eficácia de normas determinadas, prevenindo que deverá servir para dirimir controvérsias entre órgãos judiciários ou entre esses e a administração pública, e expõe que o instituto tem a finalidade de afastar a insegurança jurídica (garantir a segurança jurídica e a igualdade nas relações jurídicas, alcançando a isonomia no plano material – estabilização material) e prevenir que haja relevante multiplicação de processos sobre questão idêntica (uniformização de entendimento, alcançando a isonomia no plano processual – estabilização processual). Desse modo, no que se refere às finalidades das Súmulas Vinculantes prescritas na CR/88, pode-se apontar que há duas intenções: a estabilização material e processual das relações jurídicas.

No plano material, a finalidade de estabilização é verificada porquanto as Súmulas Vinculantes tratarão de temas que se apresentam com interpretações divergentes, o que fere o princípio da igualdade, pois tal situação provocaria decisões diversas em processos cujos objetos fossem idênticos.

Desse modo, a segurança jurídica prevista como finalidade das Súmulas Vinculantes visa a assegurar a observância do princípio da igualdade na medida em que o direito deve ser o mesmo aplicável em circunstâncias idênticas, devendo ser considerado um consectário do

---

relevante, sobretudo para desmistificar a ideia segundo a qual, diante de um determinado precedente, o juiz se torna um autômato, sem qualquer outra opção senão a de aplicar ao caso concreto a solução dada por um outro órgão jurisdicional. (*Ibidem*, p. 407).

[202] Art. 103-A. O Supremo Tribunal Federal poderá, de ofício ou por provocação, mediante decisão de dois terços dos seus membros, após reiteradas decisões sobre matéria constitucional, aprovar súmula que, a partir de sua publicação na imprensa oficial, terá efeito vinculante em relação aos demais órgãos do Poder Judiciário e à administração pública direta e indireta, nas esferas federal, estadual e municipal, bem como proceder à sua revisão ou cancelamento, na forma estabelecida em lei. §1º. A súmula terá por objetivo a validade, a interpretação e a eficácia de normas determinadas, acerca das quais haja controvérsia atual entre órgãos judiciários ou entre esses e a administração pública que acarrete grave insegurança jurídica e relevante multiplicação de processos sobre questão idêntica. (Incluído pela Emenda Constitucional nº 45, de 2004). BRASIL. *Constituição de 1988*. Emenda Constitucional nº 45, de 30 de dezembro de 2004. Altera dispositivos dos arts. 5º, 36, 52, 92, 93, 95, 98, 99, 102, 103, 104, 105, 107, 109, 111, 112, 114, 115, 125, 126, 127, 128, 129, 134 e 168 da Constituição Federal e acrescenta os arts. 103-A, 103-B, 111-A e 130-A, e dá outras providências. Diário Oficial da União, DOU de 31/12/2004, p. 9.

outro: a segurança jurídica garante a igualdade de tratamento jurídico e tal igualdade serve de sustentação de existência da segurança jurídica.

Por seu turno, no plano processual, a estabilização pretendida pelas Súmulas Vinculantes se encontra no objetivo de prevenir que interpretações constitucionais divergentes alimentem discussões jurídicas as quais não seriam passíveis de análise legislativa, considerando estarem posicionados no campo de interpretação da Constituição.

Neste ponto, pretende-se enfatizar que ao Poder Judiciário foi reservada a função de interpretar as leis e a Constituição e aplicá-las conforme o Direito. Assim, há determinadas situações em que se deve proceder a uma tarefa interpretativa das normas, hermeneuticamente devida, por meio do processo prescrito e em estrita observância aos princípios que o regem.

Se o positivismo exegético é criticado justamente pela mecanização do julgador, cuja atuação se restringe somente ao enunciado da lei, sem qualquer margem para interpretações, o Poder Judiciário não pode se furtar de interpretar para aplicar o Direito. Portanto, interpretar é atividade típica do juiz, em qualquer grau, aplicando o Direito. Não se pode transferir para o Legislativo ou Executivo tal tarefa.[203]

Caso contrário, é aceitar a adoção da teoria positivista de interpretação, igualando-se a atividade legislativa à judicial, onde a lei detém completude bastante para o regramento jurídico absoluto, suprimindo-se a distinção entre argumentos de política e argumentos de princípios.[204]

---

[203] Esse cenário, no entanto, também traz preocupações, uma vez que o Judiciário "se substitui" à Administração Pública no fazer políticas, o que pode significar um desvirtuamento de sua função se as decisões abrirem mão de discursos de (aplicação de) Direito e passarem a se valer de discursos de (fundamentação, isto é, de) política. Duas questões estão presentes em decisões desse tipo e devem ser lembradas: a) a diferença entre "pretensões *prima facie* legítimas" a direito e seu uso abusivo; e b) a questão da progressividade de direitos sociais, econômicos e culturais nem sempre associáveis a prestações imediatas e correlatas por parte do Estado (pelo menos no que tange a entender que possuir tais direitos daria ao titular a "qualquer grau" de prestação que esteja acima no limite do possível). (NUNES, Dierle José Coelho. Fundamentos e dilemas para o sistema processual brasileiro: uma abordagem da litigância de interesse público a partir do processualismo constitucional democrático. *In*: QUADROS DE MAGALHÃES, José Luiz. *Constitucionalismo e democracia*. Rio de Janeiro: Elsevier, 2012, p. 110-111).

[204] A teoria positivista da interpretação, ao igualar em essência as tarefas legislativa e judicial, especialmente diante de *hard cases*, nivela as distintas lógicas subjacentes, causando uma profunda confusão entre argumentos cuja distinção é cara a toda a estrutura política das sociedades modernas: argumentos de política e argumentos de princípio. Os primeiros se referem à persecução de objetivos e bens coletivos considerados relevantes para o bem-estar de toda a comunidade, passível de transações e compromissos, enquanto os segundos

Assim, se determinada situação jurídica vem ocasionando multiplicação de ações judiciais, deve o STF declarar seu entendimento interpretativo acerca do tema visando a reduzir o desgaste processual. Essa deve ser a função das Súmulas Vinculantes: explicitar a interpretação conforme o Direito e de acordo com os preceitos constitucionais.

Importa ainda salientar que o conteúdo da Súmula Vinculante deverá remeter à objetividade de caráter concreto. Isso porque decorre de decisões reiteradas do STF em processos judiciais onde se partiu da abstração das normas para os casos concretos colocados sob seu crivo.

Logo, as decisões são sobre situações concretas as quais outras de idêntico teor terão o mesmo desfecho por meio da vinculação imposta, uma vez que a tarefa interpretativa da Constituição já fora praticada pelo STF e sua aplicação deve ser seguida pelos demais órgãos judiciários.

Ao contrário, caso não haja perfeita sintonia entre o caso concreto e a interpretação constitucional descrita na Súmula Vinculante, não será o caso de sua aplicação, porquanto não haverá a obrigatoriedade vinculativa, pois, materialmente, não há vinculação a ser obedecida.

Assim, a aplicação da Súmula Vinculante se apresenta obrigatória desde que, objetivamente, a compatibilidade com o Direito em sua integridade seja aferida e desde que outros preceitos constitucionais não sejam violados. Portanto, forma-se um cenário onde determinada Súmula Vinculante será aplicada desde que não venha a ferir direitos fundamentais ou normas que a afastam, apresentando-se tais situações jurídicas como condicionantes à aplicação da Súmula Vinculante.

Vislumbra-se estar diante do mecanismo processual do *distinguishing*, técnica extraída do modelo do *stare decisis*, consistente na verificação da inaplicabilidade do precedente ao caso concreto, não obstante sua aparente adequação.[205] Nesse caso, afere-se uma singularidade que torna o precedente inapto a se projetar sobre o caso concreto.

Considerando a leitura de garantia dos direitos fundamentais, a aplicação das Súmulas Vinculantes necessariamente fica condicionada a tais preceitos, devendo-se afastar sua incidência pela técnica do

---

fundamentam decisões que resguardam direitos de indivíduos ou grupos, possuindo assim um papel de garantia contramajoritária. (CARVALHO NETTO, 2011, p. 54-55).

[205] Aplicar a técnica do *distinguishing* é dizer que, não obstante a similaridade entre os casos, o precedente não regula o caso concreto a ser julgado. É distinguir os casos, apontando suas semelhanças e, principalmente, suas diferenças. (FELETTI, Maria Vanessa. *Súmulas Vinculantes, hermenêutica e Justiça Constitucional*. São Paulo: Servanda, 2013, p. 100).

constitucionais, devendo-se ainda mencionar o sistema principiológico que resguarda os direitos fundamentais, capaz de afastar a literalidade dos enunciados vinculantes.[211]

Dessa forma, cumpre-se o papel a que visa a vinculação impositiva: a interpretação do STF deve ser aplicada, porém deve-se analisar o Direito como integridade para que essa aplicação seja a essência do caso em concreto, respeitando-se a previsão constitucional sobre as Súmulas Vinculantes em consonância com os direitos fundamentais e conforme a legislação específica.[212]

Exatamente essa perspectiva tem sido vista nas decisões do STF, onde a partir das peculiaridades do caso concreto, a aparente aplicação de determinada Súmula Vinculante é afastada considerando que não se apresenta em conformidade com direitos fundamentais ou com legislação peculiar.

4.4.1 Condicionante à Súmula Vinculante 5 – direito fundamental à liberdade de ir e vir

Veja-se o caso da Súmula Vinculante 5, das mais polêmicas entre as editadas até o momento, em virtude do choque proporcionado entre o STF com o STJ, que traz a seguinte redação: "A falta de defesa técnica por advogado no processo administrativo disciplinar não ofende a Constituição".[213]

---

[211] Importante ressaltar que, num sistema principiológico, mesmo as regras, que especificam com maior detalhe as suas hipóteses de aplicação, não são capazes de esgotá-las; podem, portanto, ter sua aplicação afastada diante de princípios, sempre com base na análise e no cotejo das reconstruções fáticas e das pretensões a direito levantadas pelas partes na reconstrução das especificidades próprias daquele determinado caso concreto. (CARVALHO NETTO, 2011, p. 59).

[212] Além disso, é importante ressaltar que competirá a cada um dos magistrados, ao analisar o caso concreto, a conclusão pela aplicação de determinada súmula ou não, ou mesmo a possibilidade de apontar novos pontos característicos que não se encontram analisados na Súmula, ou ainda, a necessidade de alteração da súmula em virtude da evolução do Direito, de maneira semelhante ao que ocorre no direito norte-americano, quando o juiz utiliza-se do mecanismo processual do *distinguishing* (distinção entre o caso concreto e o precedente judicial) para demonstrar que não é o caso de aplicação de determinado precedente na hipótese em julgamento. (MORAES, Alexandre de. *Direito constitucional*. 26. ed. rev. e atual. São Paulo: Atlas, 2010, p. 802).

[213] BRASIL. Supremo Tribunal Federal. *Súmula Vinculante 5*. Data de Aprovação: Sessão Plenária de 07/05/2008. DJe 88, de 16/05/2008, p. 1. DOU de 16/05/2008, p. 1.

Utilizando-se como base jurisprudencial quatro decisões do STF sobre o tema,[214] entendeu a Corte que a matéria deveria ser prevista em Súmula Vinculante, desbancando jurisprudência firmada pelo Superior Tribunal de Justiça.

A Súmula 343 do STJ, cancelada na data de 28 de abril de 2021, previa que: "É obrigatória a presença de advogado em todas as fases do processo administrativo disciplinar".[215] Conforme se constata, a Súmula Vinculante 5 do STF traz entendimento exatamente oposto ao posicionamento adotado pelo STJ.

Não sendo a intenção discutir os erros e acertos sobre o tema, mas sim a problematização da aplicabilidade do enunciado vinculante nº 5 do STF, conforme já definido, pretende-se demonstrar que a vinculação deve ser condicionada à observância dos preceitos constitucionais por meio de uma leitura sistemática e direcionada à proteção dos direitos fundamentais, embora tenha ocasionado na doutrina profundas críticas relacionadas à sua edição.[216]

A Súmula Vinculante 5 prescreve que não viola a Constituição a ausência de defesa técnica por advogado em processo administrativo disciplinar. Não se discute se o procedimento adotado no processo administrativo, por meio de seus atos, observou ou não os direitos e princípios relacionados ao processo como o contraditório, ampla possibilidade de defesa e demais inerentes a um regular deslinde processual assegurados constitucionalmente. Simplesmente, é disposto o entendimento que a defesa técnica em processo disciplinar não constitui

---

[214] RE 434.059 Publicação: DJe 172, em 12/09/2008. AI 207.197 AgR Publicação: DJ de 24/03/1998. RE 244.027 AgR Publicação: DJ de 28/05/2002. MS 24.961 Publicações: DJ de 04/03/2005 RTJ 193/347. Disponível em: https://jurisprudencia.stf.jus.br/pages/search/seq-sumula741/false. Acesso em: 4 dez. 2023.

[215] BRASIL. Superior Tribunal de Justiça. Edição nº 3.138 – Brasília, Disponibilização: Sexta-feira, 30 de abril de 2021. Publicação: Segunda-feira, 3 de maio de 2021. A Primeira Seção, na sessão de 28 de abril de 2021, ao apreciar a QO no MS 7.078-DF (Projeto de Súmula nº 700), determinou o cancelamento da Súmula nº 343-STJ.

[216] Um exemplo interessante de uma patente inconstitucionalidade de súmula é apresentado por Nelson Nery Junior e Rosa M. A. Nery da Súmula Vinculante do STF nº 5, cujo texto afirma que o processo administrativo disciplinar que não contivesse defesa técnica seria consentâneo com a Constituição Federal. Ora, como é cediço, o processo administrativo sancionador pode proporcionar soluções extremamente gravosas ao jurisdicionado, tais como a imposição de penalidades. Por consequência, a ausência de defesa técnica impede que o jurisdicionado consiga alegar em seu benefício matérias relativas à defesa técnica, tais como prescrição, ilicitude da prova produzida etc. (STRECK, Lenio Luiz; ABBOUD, Georges. *O que é isto*: o precedente judicial e as súmulas vinculantes? 2. ed. rev. atual. Porto Alegre: Livraria do Advogado, 2014, p. 122).

aspecto da ampla defesa e, consequentemente, não configura nulidade a sua ausência.

Nesse ponto, importa então questionar a extensão da vinculação instituída, considerando a proteção aos direitos fundamentais, percebendo-se que a análise da Súmula Vinculante deve ser sistemática com o ordenamento jurídico, considerando o caso concreto, o que relativiza a vinculação estabelecendo sempre a condicionante de respeito aos direitos fundamentais.

O exemplo de condicionante na aplicação da Súmula Vinculante 5 advém do próprio STF. Em decisão sobre processo disciplinar relativo à apuração de falta grave por detento, chegou-se ao entendimento de que o verbete sumular não se aplica nesse caso, descrevendo-se:

> Recentemente, o Supremo Tribunal Federal aprovou o texto da Súmula Vinculante nº 5, que dispõe: "A falta de defesa técnica por advogado no processo administrativo disciplinar não ofende a Constituição". Todavia, esse Enunciado é aplicável apenas em procedimentos de natureza cível. Em procedimento administrativo disciplinar, instaurado para apurar o cometimento de falta grave por réu condenado, tendo em vista estar em jogo a liberdade de ir e vir, deve ser observado amplamente o princípio do contraditório, com a presença de advogado constituído ou defensor público nomeado, devendo ser-lhe apresentada defesa, em observância às regras específicas contidas na LEP (arts. 1º, 2º, 10, 44, III, 15, 16, 41, VII e IX, 59, 66, V, alínea 'a', VII e VIII, 194), no CPP (arts. 3º e 261) e na própria CF/88 (art. 5º, LIV e LV). Esta Corte já se defrontou com a erronia da aplicação da Súmula Vinculante nº 5 para convalidar procedimento administrativo disciplinar com a finalidade de apurar o cometimento de falta grave por detento. É verdade que se conta apenas com decisões monocráticas, formalizadas em exame de pleitos liminares indeferidos, por ter-se entendido como ausente o requisito do *periculum in mora*. Todavia, esclarece bem a natureza do Enunciado. (RE 398.269-RS, rel. Min. Gilmar Mendes, Segunda Turma, DJ de 26/02/2010).[217]

O trecho do voto do ministro Gilmar Mendes é incisivo em afastar a aplicaçao da Súmula Vinculante 5 quando se tratar de processo administrativo disciplinar relativo à apuração de falta grave por réu

---

[217] BRASIL. Supremo Tribunal Federal. *Recurso Extraordinário 398.269-RS*. Recorrente: Jair Poleto. Recorrido: Ministério Público do Estado do Rio Grande do Sul. Relator: Min. Gilmar Mendes, Segunda Turma, DJe 35, publicação de 26/02/2010. Disponível em http://redir.stf.jus.br/paginadorpub/paginador.jsp?docTP=AC&docID=608554. Acesso em: 2 set. 2013.

condenado, por estar presente o princípio da liberdade de ir e vir, que constitui direito fundamental.

Essa leitura se coaduna com os preceitos constitucionais de máxima efetividade[218] dos direitos e garantias fundamentais, o que acaba por dirimir a vinculação decisória do STF. Ou seja, se o enunciado da Súmula Vinculante não corresponder à leitura constitucional do caso concreto, deverá ser afastada e prestigiado o direito fundamental em discussão.

Essa proposta se encontra amparada em posicionamento do STF, pois a Súmula Vinculante 5 não diz expressamente que o processo administrativo disciplinar previsto em seu enunciado não contempla aquele concernente à apuração de falta grave de detento que poderá repercutir no direito de ir e vir.

Encontra-se uma possível complementação condicionante para a Súmula Vinculante 5, portanto: a falta de defesa técnica por advogado no processo administrativo disciplinar não ofende a Constituição "desde que não seja instaurado para apurar o cometimento de falta grave por réu condenado, tendo em vista estar em jogo a liberdade de ir e vir".

Ou ainda, conforme se extrai da argumentação do ministro Gilmar Mendes no discorrer da decisão, afirma-se que o enunciado da SV 5 somente se aplica aos procedimentos de natureza cível, ampliando-se a restrição do enunciado. Contudo, o texto da Súmula Vinculante 5 não traz tal limitação.

Verifica-se a postura principiológica e de observância aos direitos fundamentais, pois se afasta a especificidade textual tratada na Súmula Vinculante para adotar o caráter normativo dos princípios do contraditório e ampla defesa que lastreiam a garantia à liberdade,[219] não obstante sua generalidade e amplitude.

---

[218] A Constituição Federal há de sempre ser interpretada, pois somente por meio da conjugação da letra do texto com as características históricas, políticas, ideológicas do momento, se encontrará o melhor sentido da norma jurídica, em confronto com a realidade sociopolítico-econômica e almejando sua plena eficácia. Canotilho enumera diversos princípios e regras interpretativas das normas constitucionais: (...) da máxima efetividade ou da eficiência: a uma norma constitucional deve ser atribuído o sentido que maior eficácia lhe conceda. (MORAES, Alexandre de. *Direito constitucional*. 26. ed. rev. e atual. São Paulo: Atlas, 2010, p. 15).

[219] A perspectiva decisionista a que chega o positivismo em face da reconhecida indeterminação das regras é rechaçada assim pelo caráter normativo dos princípios jurídicos que, embora muito gerais e abstratos, exigem do intérprete densificação, com especial atenção à história institucional e à sistemática do conjunto de princípios reciprocamente vinculados do Direito. (CARVALHO NETTO, 2011, p. 60).

Portanto, seguindo o fundamento do referido ministro, a aplicação da SV 5 fica condicionada a tal fator, definindo-se que a falta de defesa técnica por advogado no processo administrativo disciplinar não ofende a Constituição quando se tratar de procedimento de natureza cível.

Mencionado entendimento sobre a aplicabilidade da SV 5 logo foi aderido pelo STF[220] e seguida pelo STJ,[221] o que demonstra a relatividade do instituto, adequada ao ordenamento jurídico em detrimento da incisão do texto da súmula.

Os julgados do STJ, após o posicionamento do STF acerca da inaplicabilidade da Súmula Vinculante 5 em casos como o exposto, demonstram a abrangência do entendimento consolidado no sentido de que no âmbito penal-administrativo é assegurado o direito de defesa técnica:

---

[220] Processo Penal. Agravo de Instrumento. Execução Penal. Procedimento Administrativo Disciplinar para Apuração da Prática de Falta Grave por Detento. Necessidade de Defesa Técnica. Inaplicabilidade da Súmula Vinculante nº 5. 1. O princípio da ampla defesa reclama a representação do detento por advogado em procedimento administrativo para apuração de falta grave no âmbito da execução penal, posto em jogo a liberdade de ir e vir. (HC 77.862, rel. Min. Ilmar Galvão, j. 17/12/1998). 2. A Súmula Vinculante nº 5 ("A falta de defesa técnica por advogado no processo administrativo disciplinar não ofende a Constituição") é inaplicável ao procedimento atinente à execução penal (RE nº 398.269-RS, rel. Min. Gilmar Mendes, Segunda Turma, DJ de 26/2/2010). 3. *In casu*, o acórdão impugnado mediante o recurso extraordinário assentou a necessidade de defesa técnica no procedimento disciplinar para apuração de falta grave em estabelecimento prisional, em harmonia com a jurisprudência pacífica desta Corte. 4. Agravo de instrumento a que se nega provimento. BRASIL. Supremo Tribunal Federal. *Recurso Extraordinário 398.269-RS*. Recorrente: Jair Poleto. Recorrido: Ministério Público do Estado do Rio Grande do Sul. Relator: Min. Gilmar Mendes, Segunda Turma, DJe 35, publicação de 26/02/2010.

[221] Nos termos da jurisprudência da 6ª Turma do STJ, em sintonia com a do Supremo Tribunal Federal, configura cerceamento de defesa não ser o apenado assistido por defesa técnica – advogado constituído ou defensor público nomeado –, no procedimento administrativo disciplinar, para fins de apuração de falta grave, tal como ocorrera, na espécie. Precedentes do STJ. VII. Inaplicabilidade, no caso, da Súmula Vinculante 5, do STF – que dispõe que "a falta de defesa técnica por advogado no processo administrativo disciplinar não ofende a Constituição" –, em face da distinta natureza do procedimento, instaurado para apurar o cometimento de falta grave, por réu condenado, com repercussão direta no direito de liberdade. Precedentes do STF (RE 398.269-RS, Rel. Ministro Gilmar Mendes, DJe de 15/12/2009). VIII. "Em procedimento administrativo disciplinar, instaurado para apurar o cometimento de falta grave por réu condenado, tendo em vista estar em jogo a liberdade de ir e vir, deve ser observado amplamente o princípio do contraditório, com a presença de advogado constituído ou defensor público nomeado, devendo ser-lhe apresentada defesa, em observância às regras específicas contidas na LEP" (STF, RE 398.269-RS, Rel. Ministro Gilmar Mendes, Segunda Turma, DJe de 15/12/2009). BRASIL. Superior Tribunal de Justiça. *Habeas Corpus 171.364-RS*. Impetrante: Adriana Hervé Chaves Barcellos – Defensora Pública. Impetrado: Tribunal de Justiça do Estado do Rio Grande do Sul. Relatora: Min. Assusete Magalhães, Sexta Turma, julgado em 04/12/2012, DJe 21/06/2013.

A Terceira Seção do STJ, no julgamento, em 23/10/2013, do REsp 1.378.557-RS, representativo da controvérsia, de relatoria do Ministro Marco Aurélio Bellizze, ainda pendente de publicação, pacificou o entendimento no sentido de que, "para o reconhecimento da prática de falta disciplinar, no âmbito da execução penal, é imprescindível a instauração de procedimento administrativo pelo diretor do estabelecimento prisional, assegurado o direito de defesa, a ser realizado por advogado constituído ou defensor público nomeado".

III. "Em procedimento administrativo disciplinar, instaurado para apurar o cometimento de falta grave por réu condenado, tendo em vista estar em jogo a liberdade de ir e vir, deve ser observado amplamente o princípio do contraditório, com a presença de advogado constituído ou defensor público nomeado, devendo ser-lhe apresentada defesa, em observância às regras específicas contidas na LEP" (STF, RE 398.269, Ministro Gilmar Mendes, Segunda Turma, DJe de 15/12/2009).

IV. Na forma da jurisprudência do STF, "a Súmula Vinculante 5 é aplicada apenas aos procedimentos administrativos de natureza cível, sendo incorreta a sua observância em procedimentos administrativos de natureza penal" (STF, HC 104.801, Rel. Ministro Gilmar Mendes, Segunda Turma, DJe de 20/05/2011).

V. Assim, configura cerceamento de defesa não ser o apenado assistido por defesa técnica – advogado constituído ou defensor público nomeado –, no processo administrativo disciplinar, para fins de apuração de falta grave, tal como ocorrera, na espécie.[222]

Ou seja, a Súmula Vinculante 5 não pode ser aplicada sem a observação da construção jurisprudencial ora exposta, estabelecendo-se padrões de entendimentos tal qual ocorre com a aplicação das normas gerais, sobrepondo-se a análise e interpretação do Direito, sobretudo em respeito aos direitos fundamentais, à obrigatoriedade de aplicação concreta e direta prescrita para as Súmulas Vinculantes.

4.4.2 Condicionante à Súmula Vinculante 18 – interpretação restritiva de regra frente a direitos fundamentais

A obrigatoriedade de aplicação das Súmulas Vinculantes pelo Judiciário e Administração Pública deve ser entendida a partir dos

---

[222] BRASIL. Superior Tribunal de Justiça. *HC 175.251-RS*, Impetrado: Tribunal de Justiça do Estado do Rio Grande do Sul. Paciente: Sandro Noe Oliveira Cardoso. Rel. Ministra Assusete Magalhães, Sexta Turma, julgado em 12/11/2013, DJe 13/12/2013.

preceitos constitucionais para que seja verificada sua perfeita aplicação em sintonia com o Direito.

Uma decisão judicial que afronta à Constituição, ainda que conforme descrição literal de Súmula Vinculante, deve ser afastada pela não-aferição da vinculação imposta considerando a diferença entre a particularidade do caso concreto em relação ao objeto a que o enunciado visa a regrar. O inverso, igualmente, deve ser respeitado: a decisão que afronta diretamente uma Súmula Vinculante não será eivada de mácula quando não contrariar a Constituição.

Outro ponto que se vislumbra pertinente no mesmo sentido repousa na análise do enunciado sumular em relação à descrição normativa sobre determinado assunto. Se a relação jurídica concreta afronta Súmula Vinculante, deve-se buscar perceber se, igualmente, afronta dispositivo legal. De nada irá adiantar para o Direito e para os objetivos de celeridade e de segurança jurídica, se o comando da súmula não refletir um sentido de interpretação lógica e de aplicação segura do contexto normativo referente.

A definição ora proposta é projetada na atual postura interpretativa adotada pelo STF que define uma perspectiva garantidora dos direitos fundamentais para analisar a aplicabilidade de Súmula Vinculante. A mesma forma de atuação é percebida em julgamento de Recurso Extraordinário onde houve a discussão concernente ao alcance e sentido do enunciado da Súmula Vinculante 18, a qual será tomada como exemplo.

Na aludida Súmula Vinculante, encontra-se o seguinte texto: a dissolução da sociedade ou do vínculo conjugal, no curso do mandato, não afasta a inelegibilidade prevista no §7º do artigo 14 da Constituição da República de 1988.[223]

A intenção da Súmula Vinculante 18 é prevenir a burla aos dispositivos constitucionais referidos em seu texto, os quais coíbem a situação conhecida por inelegibilidade reflexa,[224] determinando a

---

[223] BRASIL. Supremo Tribunal Federal. *Súmula Vinculante 18*. Data de Aprovação: Sessão Plenária de 29/10/2009. DJe 210, de 10/11/2009, p. 1. DOU de 10/11/2009, p. 1.
[224] Finalidade da inelegibilidade reflexa: STF – "Impedir o monopólio do poder político por grupos hegemônicos ligados por laços familiares" (STF, 2ª T., RE 446.999-PE, Rel. Ellen Gracie, decisão: 28/06/2005 – Informativo STF 394, p. 3 (MORAES, Alexandre de. *Constituição do Brasil interpretada e legislação constitucional*. 6. ed. atualizada até a EC 52/06. São Paulo: Atlas, 2006, p. 576).

condição de inelegibilidade do cônjuge e de parentes em até o segundo grau do titular do cargo eletivo, no território de sua jurisdição.[225]

O mesmo dispositivo constitucional descreve como única exceção a condição de já ser detentor de mandato eletivo e buscar a reeleição.

Dessa forma, a SV 18 traz inovação jurídica decorrente da construção jurisprudencial sobre a inelegibilidade de familiares do titular de cargo eletivo, uma vez que a Constituição da República de 1988 impõe tal condição aos cônjuges e parentes até segundo grau, não trazendo referência em relação a ex-cônjuges.

A edição de Súmula Vinculante em relação ao caso advém de formação jurisprudencial do STF,[226] aferindo-se que a edição de Súmula Vinculante sobre o tema traz implicações no sistema jurídico, tendo em vista sua observância obrigatória aos casos concretos.

Primeiramente, salienta-se que a Súmula Vinculante mencionada regula o caso do cônjuge em relação ao titular do cargo eletivo, o que inclui em seu campo de abrangência os parentes afins. Dessa forma, segundo o enunciado da SV 18, a dissolução da sociedade ou do vínculo conjugal não afasta a inelegibilidade prevista no §7º, art. 14 da CR/88, envolvendo todos os personagens ali descritos, o próprio cônjuge e seus parentes até o segundo grau.

O problema surge quando a dissolução da sociedade conjugal ocorre em virtude da morte do cônjuge titular do cargo eletivo, discutindo-se a extensão da Súmula Vinculante em relação à inelegibilidade reflexa nesse caso.

A intenção manifesta do verbete é dirigida à dissolução conjugal "de fachada", na qual o objetivo é se desviar da vedação prevista no §7º, do art. 14 da CR/88, o que ocasionaria a possibilidade de candidatura do ex-cônjuge, sendo, portanto, uma forma de fraude ao sistema eleitoral de acesso aos cargos públicos eletivos.

Em sequência ao raciocínio, no caso de dissolução conjugal em virtude da morte do titular do cargo, a aplicação da Súmula Vinculante 18 não se apresentaria adequada, uma vez que a dissolução não se deu

---

[225] Art. 14, §7º. São inelegíveis, no território de jurisdição do titular, o cônjuge e os parentes consanguíneos ou afins, até o segundo grau ou por adoção, do Presidente da República, de governador de estado ou território, do Distrito Federal, de prefeito ou de quem os haja substituído dentro dos seis meses anteriores ao pleito, salvo se já titular de mandato eletivo e candidato à reeleição. BRASIL. *Constituição da República Federativa do Brasil de 1988*. DOU de 05/10/1988, p. 1.

[226] RE 568.596 Publicação: DJe 222, em 21/11/2008; RE 433.460 Publicação: DJ de 19/10/2006; RE 446.999 Publicação: DJ de 09/09/2005.

de forma fraudulenta, com o intuito de escapar das prevenções do artigo constitucional mencionado.

O objeto da SV em destaque é a coibição de perpetuação familiar no poder com o emprego de fraude (dissolução conjugal "de fachada") que, literalmente, não afronta diretamente a legislação, mas que afeta a ordem jurídica. Assim, a leitura da Súmula Vinculante em análise deve ir além de seu texto, ou seja, deve-se proceder ao estudo se a dissolução conjugal é decorrente de fraude que visa a burlar a legislação eleitoral.

A matéria foi submetida ao crivo do STF, por meio de recurso extraordinário (controle difuso, portanto), após o trâmite processual regular de reconhecimento de relevância do tema e de sua repercussão geral.[227]

Em seus fundamentos, o relator do processo, ministro Teori Zavascki, reconhecendo a repercussão geral sobre o tema, descreve:

> Questiona-se o sentido e o alcance da restrição ao direito de elegibilidade de que tratam o art. 14, §§5º e 7º da Constituição Federal e a Súmula Vinculante 18, notadamente em casos em que a dissolução da sociedade conjugal decorre, não de ato de vontade, mas da morte de um dos cônjuges, o que afasta qualquer presunção de fraude ou simulação. Essa questão, bem se vê, transcende os limites subjetivos da causa. Trata-se de tema envolvendo exame de restrição constitucional a direito de cidadania e do alcance normativo de uma Súmula Vinculante, a cujo respeito há demonstrada divergência de entendimento entre o que decidiu, por um lado, o acórdão recorrido do TSE e, por outro, as manifestações já assentadas por vários Ministros desta Suprema Corte.[228]

---

[227] Ementa. Direito Constitucional e Eleitoral. Recurso Extraordinário. Inelegibilidade. Morte de Cônjuge de Chefe do Executivo no Primeiro Mandato. Assunção do Cargo pelo Vice. Cônjuge do Falecido que se Elege no Pleito Seguinte. Candidatura à Reeleição Impugnada. Alegação de Terceiro Mandato Consecutivo do Mesmo Grupo Familiar. Súmula Vinculante 18 e Art. 14, §§5º e 7º, da Constituição da República. Existência de Repercussão Geral. Apresenta repercussão geral o recurso extraordinário em que se questiona o sentido e o alcance da restrição ao direito de elegibilidade de que trata o art. 14, §§5º e 7º da Constituição Federal e a Súmula Vinculante 18, notadamente em casos em que a dissolução da sociedade conjugal decorre, não de ato de vontade, mas da morte de um dos cônjuges. BRASIL. Supremo Tribunal Federal. *Recurso Extraordinário 758.461*. Recorrente: Yasnaia Polyanna Werton Dutra. Recorrido: Coligação Unidos para o Bem de Pombal e Ministério Público Eleitoral Relator: Min. Teori Zavascki, julgado em 03/10/2013, Acórdão Eletrônico DJe 226. Divulg. 14/11/2013. Public. 18/11/2013.

[228] Brasil. Supremo Tribunal Federal. Recurso Extraordinário 758.461. Recorrente: Yasnaia Polyanna Werton Dutra. Recorrido: Coligação Unidos para o Bem de Pombal e Ministério Público Eleitoral Relator: Min. Teori Zavascki, julgado em 03/10/2013, Acórdão Eletrônico DJe 226. Divulg. 14/11/2013. Public. 18/11/2013.

Na mesma oportunidade, o ministro Marco Aurélio também se manifestou a respeito da repercussão geral, expondo que não sendo a morte um ato de vontade, não pode ser considerada para fins de aplicação da Súmula Vinculante 18:

> Está-se a definir o alcance da inelegibilidade prevista no §4º do artigo 14 da Constituição Federal. É saber se cônjuge varoa de falecido prefeito pode candidatar-se e, se eleita, vir a tentar a reeleição, sendo certo que o falecido, ainda no primeiro mandato, foi sucedido pelo vice-prefeito. Conforme mencionado pelo relator, o próprio Tribunal Superior Eleitoral respondera a consulta em sentido afirmativo, ou seja, de poder haver a candidatura à reeleição. Quando julgado o recurso especial, fiquei vencido, na companhia do ministro Dias Toffoli, entendendo que preceitos a encerrarem inelegibilidade hão de ser interpretados de forma estrita, sem ampliação. Pronuncio-me pela configuração da repercussão geral, ressaltando que o verbete vinculante nº 18 da Súmula do Supremo não versa a situação concreta, ante, até mesmo, os precedentes, ou seja, a dissolução da sociedade ou do vínculo conjugal nele previstos pressupõe ato de vontade e, logicamente, a morte não pode ser incluída como tal.[229]

Levada a votação ao plenário, o STF julgou pela inaplicabilidade da Súmula Vinculante 18 no caso de dissolução conjugal pela morte do titular do cargo, acatando a juridicidade da elegibilidade para reeleição de ex-cônjuge de ocupante de cargo eletivo falecido, considerando que a dissolução não ocorreu em virtude de vontade de fraudar a vedação constitucional.

O Ministério Público, em sua manifestação no Recurso Extraordinário,[230] posicionou-se contra a elegibilidade da Recorrente, defendendo a aplicação direta do enunciado da Súmula Vinculante 18, sem considerar interpretações a respeito.

---

[229] Brasil. Supremo Tribunal Federal. Recurso Extraordinário 758.461. Recorrente: Yasnaia Polyanna Werton Dutra. Recorrido: Coligação Unidos para o Bem de Pombal e Ministério Público Eleitoral Relator: Min. Teori Zavascki, julgado em 03/10/2013, Acórdão Eletrônico DJe 226. Divulg. 14/11/2013. Public. 18/11/2013.

[230] Fica claro que, embora tenha o cônjuge da recorrente falecido no decorrer do primeiro mandato e tenha o então vice-prefeito completado aquele governo, a configuração da inelegibilidade reflexa se mantém, uma vez que a dissolução do vínculo conjugal, ainda que em decorrência da morte de um dos consortes, não afasta a inelegibilidade (...) Isso porque a Súmula Vinculante 18/STF não traz qualquer exceção em relação à causa de dissolução do vínculo conjugal, devendo-se concluir que a inelegibilidade estará configurada em qualquer das hipóteses de término do casamento trazidas pelo Código Civil: morte, nulidade ou anulação, separação ou divórcio. *Ibidem.*

Dentro da ótica da máxima eficácia do respeito aos princípios fundamentais, a posição do Ministério Público, nesse caso, não prestigiou tal prisma, demonstrando-se ultrapassado ao se ater à aplicabilidade literal da Súmula Vinculante mencionada sob o argumento de que a mesma não diferencia as formas de dissolução conjugal, o que, exatamente nesse ponto, destoa da análise sistemática da ordem jurídica para a solução dos conflitos, visando-se ao respeito aos direitos fundamentais.

Merece ser destacado, para a construção do raciocínio ora defendido, o que se descreve nos argumentos apresentados no julgamento do STF para o caso. Na decisão, alerta-se para o fato que sendo aludido preceito da Constituição (inelegibilidade reflexa – art. 14, §7º da CR/88) "norma que impõe restrição de direito, sobretudo direito concernente à cidadania, sua interpretação deve ser igualmente restritiva, não comportando ampliação".[231]

Nota-se que na construção interpretativa para a decisão utilizou-se da observância de direito fundamental (exercício da cidadania) em tensão ao disposto no regramento constitucional-eleitoral (inelegibilidade reflexa – art. 14, §7º da CR/88), discernindo-se a direção precisa para o caso.[232]

---

[231] Assim, se entre os desideratos do art. 14, 7º, da Constituição, registra-se o de (a) inibir a perpetuação política de grupos familiares e (b) o de inviabilizar a utilização da máquina administrativa em benefício de parentes detentores de poder, pode-se afirmar que a superveniência da morte do titular, no curso do prazo legal de desincompatibilização deste, afasta ambas as situações. Isso porque a morte, além de fazer desaparecer o "grupo político familiar", impede que os aspirantes ao poder se beneficiem de eventuais benesses que o titular lhes poderia proporcionar. Raciocínio contrário representaria perenização dos efeitos jurídicos de antigo casamento, desfeito pelo falecimento, para restringir direito constitucional de concorrer à eleição. Sendo o §7º do art. 14 da Constituição norma que impõe restrição de direito, sobretudo direito concernente à cidadania, sua interpretação deve ser igualmente restritiva, não comportando ampliação". BRASIL. Supremo Tribunal Federal. *Recurso Extraordinário 758.461*. Recorrente: Yasnaia Polyanna Werton Dutra. Recorrido: Coligação Unidos para o bem de Pombal e Ministério Público Eleitoral. Relator: Min. Teori Zavascki, Data de Publicação DJe 30/10/2014 Ata nº 160/2014. DJe 213, divulgado em 29/10/2014.

[232] Não por acaso afirmam os autores que "as normas gerais e abstratas não são capazes de regular as suas próprias condições de aplicação, e que, portanto, a aplicação de um princípio requer que, na unicidade específica e determinada do caso concreto, diante das várias versões dos fatos que se apresentem, se tenha o tempo todo também em mente a norma geral ou princípio contrário, a configurar uma tensão normativa rica e complexa que opere como crivo para discernir, no caso, as pretensões abusivas das legítimas". Não há constitucionalismo e democracia fora da tensão que os constitui, a qual reaparece no momento de aplicação do Direito, relativamente às demandas que se colocam ao juiz, sobretudo as de direitos fundamentais. (CHUEIRI, Vera Karam. *In*: CARVALHO NETTO, M.; SCOTTI, Guilherme. *Os direitos fundamentais e a (in)certeza do Direito*: a produtividade das tensões principiológicas e a superação do sistema de regras. Prefácio, 1. ed. Belo Horizonte: Fórum, 2011, p. 12).

Portanto, os direitos fundamentais se apresentam como premissas indissociáveis ao desenvolvimento jurídico lógico constitucional de aplicabilidade das Súmulas Vinculantes em relação ao caso concreto. A análise do caso deve considerar o conceito de integridade do Direito, pois a partir de tal posicionamento, é possível de se adotar princípios, mesmo enquanto normas abertas, em detrimento do dispositivo textual, observando-se a tensão entre seus pontos antagônicos para que se estabeleça a complementariedade recíproca para a aplicação coerente com o caso concreto.[233]

O direito à cidadania[234] é elementar para a democracia e as suas restrições, de qualquer natureza, devem ser observadas de forma menos interferentes possíveis, pois presentes no campo dos direitos políticos negativos,[235] que não comportam interpretações expansivas justamente porque afetam direitos relativos à resistência contra um autoritarismo estatal.

Diante das considerações, encontra-se o seguinte fator condicionante de aplicabilidade à Súmula Vinculante 18: a dissolução da sociedade ou do vínculo conjugal, no curso do mandato, não afasta a inelegibilidade prevista no §7º do artigo 14 da Constituição da República

---

[233] Dessa forma, precisamente porque os princípios são normas abertas, normas que não buscam regular sua situação de aplicação, para bem interpretá-los é preciso que os tomemos na integridade do Direito, ou seja, que sempre enfoquemos um determinado princípio tendo em vista também, no mínimo, o princípio oposto, de sorte a podermos ver a relação de tensão produtiva ou de equiprimordialidade que, na verdade, guardam entre si, a matizar recíproca, decisiva e constitutivamente os significados um do outro. (CARVALHO NETTO, 2011, p. 146).

[234] Reconhecendo à cidadania o *status* de fundamento republicano, a Carta Política atual adverte que nas relações entre Estado e indivíduo, seja em que dimensão estas se travarem, haver-se-á de serem aplicados mecanismos que assegurem efeitos práticos para materializar estruturas mínimas que façam perceber o indivíduo como membro ativo e participante dos direitos fundamentais plasmados nos textos daquele documento régio do ordenamento jurídico nacional. (IRIBURE JUNIOR, Hamilton da Cunha. As dimensões de justiça e cidadania no sistema constitucional brasileiro. *In*: LEITE, George Salomão; SARLET, Ingo Wolfgang. *Constituição, política e cidadania*. João Pessoa: GIW, 2013, p. 200).

[235] Denominamos direitos políticos negativos aquelas determinações constitucionais que, de uma forma ou de outra, importem em privar o cidadão do direito de participação no processo político e nos órgãos governamentais. São negativos precisamente porque consistem no conjunto de regras que negam, ao cidadão, o direito de eleger, ou de ser eleito, ou de exercer a atividade político-partidária ou de exercer função pública. Os direitos políticos negativos compõem-se, portanto, das regras que privam o cidadão, pela perda definitiva ou temporária (suspensão), da totalidade dos direitos políticos de votar e ser votado, bem como daquelas regras que determinam restrições à elegibilidade do cidadão, em certas circunstâncias: as inelegibilidades. (SILVA, José Afonso da. *Curso de Direito Constitucional positivo*. 33. ed. rev. e atual. São Paulo: Malheiros Editores, 2009, p. 381).

de 1988, desde que não seja a morte do cônjuge titular de mandato eletivo a sua causa.

4.4.3 Condicionante à Súmula Vinculante 37: isonomia e princípio da separação de poderes

A Súmula Vinculante 37 tem sua origem na Súmula 339 do STF. Aprovada em 1963, a Súmula 339[236] do Supremo Tribunal Federal possui exatamente a mesma redação da SV 37, prescrevendo-se que "não cabe ao Poder Judiciário, que não tem função legislativa, aumentar vencimentos de servidores públicos sob fundamento de isonomia".[237]

O enunciado apresenta inequívoco conceito de autocontenção judicial, tendo em vista sua restrição ao alcance decisório do Poder Judiciário, guardando no princípio da separação dos poderes sua razão de existência por estabelecer que vencimentos de servidores públicos são determinados por meio da atividade legislativa, e não da jurisdicional. A obviedade da súmula em questão retrata uma necessária autocontenção à atuação judiciária ao passo que visa a impedir a aplicação do princípio da isonomia de forma desordenada.

O princípio da isonomia encontra resguardo irrestrito na Constituição da República de 1988, uma vez que o anseio por igualdade é próprio do Estado Democrático de Direito, indissociável na estrutura política, jurídica e social para o desenvolvimento de uma sociedade livre, justa e solidária. Aceitar a supressão do princípio da isonomia é retroceder, acenando-se a um contexto de arbitrariedades.[238]

---

[236] BRASIL. Supremo Tribunal Federal. Sessão Plenária de 13/12/1963. Súmula da Jurisprudência Predominante do Supremo Tribunal Federal. Edição: Imprensa Nacional, 1964, p. 148.
[237] BRASIL. Supremo Tribunal Federal. *Súmula Vinculante 37*. Data de Aprovação Sessao Plenária de 16/10/2014. DJe 210 de 24/10/2014, p. 2. DOU de 24/10/2014, p. 1.
[238] O princípio da igualdade é violado quando a desigualdade de tratamento surge como arbitrária. O arbítrio da desigualdade seria condição necessária e suficiente da violação do princípio da igualdade. Embora ainda hoje seja corrente a associação do princípio da igualdade com o princípio da proibição do arbítrio, este princípio, como simples princípio de limite, será também insuficiente se não transportar já, no seu enunciado normativo-material, critérios possibilitadores da valoração das relações de igualdade ou desigualdade. Esta a justificação de o princípio da proibição do arbítrio andar sempre ligado a um fundamento material ou critério material objetivo. Ele costuma ser sintetizado da forma seguinte: existe uma violação arbitrária da igualdade jurídica quando a disciplina jurídica não se basear num:
I – fundamento sério;
II – não tiver um sentido legítimo;

No entanto, as noções mais elementares concernentes ao princípio da isonomia remetem que o tratamento jurídico igual deve ser dispensado em situações que se apresentam iguais.[239]

Ou seja, em relação aos cargos e funções públicos cujas atribuições forem desiguais, não se aplica princípio do tratamento isonômico, justamente por não deter a característica de igualdade, fundamental para a aplicabilidade do aludido princípio.

Nesse ponto é que a Súmula Vinculante 37 apresenta seu acerto. Ao vedar que o Poder Judiciário interfira em vencimentos de servidores públicos, o verbete visa a atingir os dois princípios até o momento tratados neste tópico: a separação de poderes e a isonomia.

O princípio da separação de poderes se encontra protegido pela Súmula Vinculante no momento em que se assegura que por meio do processo político é que se deve alcançar a valorização das carreiras públicas e dos cargos que compõem a estrutura orgânico-administrativa do Estado.

Por seu turno, também se percebe o perigo de interpretar os dizeres da Súmula Vinculante 37 de modo a aniquilar a possibilidade de que, por meio de decisão judicial, situações díspares possam se tornar regulares,[240] ofendendo o princípio da isonomia e da inafastabilidade de jurisdição.

O art. 39, §1º, da CR/88, é o dispositivo norteador do sistema de vencimentos dos servidores públicos, cujo conteúdo abarca o princípio da isonomia. Sua leitura, em conjunto com a leitura do enunciado da SV 37, proporciona exatamente a abrangência de ambos, pois define onde

---

III – estabelecer diferenciação jurídica sem um fundamento razoável (CANOTILHO, José Joaquim Gomes. *Direito Constitucional e Teoria da Constituição*. 5. ed. Coimbra: Almedina, 2002. p. 426)

[239] A primeira afirmação a ser feita aqui é a de que os tratamentos diferenciados podem estar em plena consonância com a Constituição. É que a igualdade implica o tratamento desigual das situações de vida desiguais, na medida de sua desigualação. Aliás, trata-se de exigência contida no próprio princípio da justiça. (TAVARES, André Ramos. *Curso de Direito Constitucional*. 5. ed. São Paulo: Saraiva, 2007, p. 525).

[240] Já foi visto que a Emenda Constitucional nº 19 excluiu do artigo 39, §1º, a regra que assegurava isonomia de vencimentos para cargos de atribuições iguais ou assemelhados do mesmo poder ou entre servidores dos Poderes executivo, Legislativo e Judiciário. Isto, contudo, não impedirá que os servidores pleiteiem o direito à isonomia, com fundamento no artigo 5º, *caput* e inciso I. Além disso, mantém-se a norma do artigo 37, inciso XII, segundo a qual "os vencimentos dos cargos do Poder Legislativo não poderão ser superiores aos pagos pelo Poder Executivo". E a antiga regra da paridade de vencimentos, que vem do artigo 98 da Constituição de 1967, sempre interpretada no sentido da igualdade de remuneração para os servidores dos três Poderes. (DI PIETRO, Maria Sylvia Zanella. *Direito Administrativo*. 15. ed. São Paulo: Atlas, 2002, p. 446-447).

a atuação político/administrativa se impõe, assim como onde se impõe a atuação jurisdicional. Revela-se, assim, a aplicabilidade imediata e irrestrita do tratamento isonômico ou a sua não-caracterização.

Para a fixação de vencimentos, o ente público deve considerar, conforme dispõe o §1º do art. 39 da CR/88: (i) a natureza, o grau de responsabilidade e a complexidade dos cargos componentes de cada carreira; (ii) os requisitos para a investidura; (iii) as peculiaridades dos cargos.

Conforme a descrição do dispositivo constitucional, a isonomia de vencimentos deve ser observada quando preenchidos os requisitos elencados. Ou seja, a isonomia é garantida no momento em que se verifica a igualdade entre um e outro.

De forma pormenorizada: se a natureza, o grau de responsabilidade e a complexidade do cargo, os requisitos para investidura e as suas peculiaridades forem as mesmas, a previsão de vencimentos desiguais em tal situação fere o art. 39, §1º, da CR/88.

Dessa forma, a atenção a ser despendida em relação ao enunciado da Súmula Vinculante 37 é que caso não se proceda com precisão ao que a mesma visa a estabelecer, conforme ora se expõe, corre-se o risco de sua aplicação literal torná-la fonte de constantes arbitrariedades quando da fixação de vencimentos de cargos públicos por meio do processo legislativo, afrontando o direito fundamental à igualdade.[241]

A razão de existência da Súmula Vinculante 37 encontra pleno respaldo jurídico, porém sua análise ao caso concreto deve ser minuciosamente procedida.

Há de se diferenciar equiparação e isonomia para fins de remuneração dos servidores públicos. A equiparação se encontra expressamente vedada pela Constituição da República de 1988, no art. 37, inc. XIII, e trata de impedir que situações reconhecidamente diferentes sejam tratadas de forma igualitária. Portanto, essa atuação está excluída do âmbito de atuação jurisdicional e a Súmula Vinculante 37 se insere em tal contexto.

---

[241] Hoje, com a nova redação do §1º do art. 39, dada pela EC 19, suprimindo o princípio da isonomia da seção II – "Dos servidores civis", a questão é regulada pelo princípio geral da igualdade previsto no art. 5º da Carta. Dessa forma, mesmo com a EC 19, sua aplicação não pode ser afastada. (...) O que o princípio da isonomia impõe é tratamento igual aos realmente iguais. (MEIRELLES, Hely Lopes. *Direito Administrativo Brasileiro*. 40. ed. São Paulo: Malheiros, 2014, p. 559-560).

Por sua vez, a isonomia está prevista no art. 39, §1º, da CR/88, na medida em que os requisitos prescritos, quando verificados, ensejam o reconhecimento da igualdade. Nesse ponto, a Súmula Vinculante 37 não alcança o direito fundamental de isonomia, garantido constitucionalmente.

Isso porque caso exista, de fato, isonomia, a qual não foi observada pelo legislador, o Poder Judiciário deve conhecer da questão e proferir decisão sobre a aplicação da igualdade, não confundindo isonomia com equiparação, esta sim, proibida pela CR/88 no art. 37, XIII.[242] O Poder Judiciário realmente não tem, primariamente, função legislativa. Porém, é sua a função jurisdicional de garantir a aplicação do direito, conforme o ordenamento jurídico, quando não respeitado pelo legislador.

Portanto, incumbe à atividade legiferante a tarefa de fixar os valores de remuneração de servidores.[243] No entanto, a atuação legislativa que não respeita a isonomia quando patente ou prevista

---

[242] Não há que confundir isonomia e paridade com equiparação ou vinculação para efeitos de vencimentos. Isonomia é igualdade de espécies remuneratórias entre cargos de atribuições iguais ou assemelhados. Paridade é um tipo especial de isonomia, é igualdade de vencimentos a cargos de atribuições iguais ou assemelhadas pertencentes a quadros de Poderes diferentes. Equiparação é a comparação de cargos de denominação e atribuições diversas, considerando-os iguais para fins de se lhes conferirem os mesmos vencimentos; é igualação jurídico-formal de cargos ontologicamente desiguais, para o efeito de se lhes darem vencimentos idênticos, de tal sorte que, ao aumentar-se o padrão do cargo-paradigma, automaticamente o do outro ficará também majorado na mesma proporção. Na isonomia e na paridade, ao contrário, os cargos são ontologicamente iguais, daí devendo decorrer a igualdade de retribuição; isso está de acordo com o princípio geral da igualdade perante a lei: tratamento igual para situações reputadas iguais, é, em verdade, aplicação do princípio da isonomia material: trabalho igual deve ser igualmente remunerado. A equiparação quer tratamento igual para situações desiguais. Vinculação é relação de comparação vertical, diferente da equiparação, que é relação horizontal. Vincula-se um cargo inferior, com outro superior, para efeito de retribuição, mantendo-se certa diferença de vencimentos entre um e outro, de sorte que, aumentando-se os vencimentos de um, o outro também fica automaticamente majorado, para guardar a mesma distância preestabelecida. Os regimes jurídicos desses institutos são, por isso mesmo, diametralmente opostos. A isonomia, em qualquer de suas formas, incluída nela a paridade, é uma garantia constitucional e um direito do funcionário, ao passo que a vinculação e a equiparação de cargos, empregos ou funções, para efeito de vencimentos, são vedadas pelo art. 37, XIII". (SILVA, José Afonso da. *Curso de Direito Constitucional positivo*. 33. ed. rev. e atual. São Paulo: Malheiros Editores, 2009, p. 688).

[243] (...) a conduta do conselho de política de administração e remuneração de pessoal deverá pautar-se dentro do estrito respeito ao princípio da legalidade e igualdade, não havendo a possibilidade de fixação de padrões de vencimento e dos demais componentes do sistema remuneratório com diferenciações em razão de sexo, religião, raça, convicções políticas ou filosóficas, classe social. (MORAES, Alexandre de. *Constituição do Brasil interpretada e legislação constitucional*. 6. ed. atualizada até a EC 52/06. São Paulo: Atlas, 2006, p. 969-970).

no ordenamento jurídico, enseja a necessidade da intervenção judicial para corrigir tal discrepância.[244]

Com o intuito de ilustrar as argumentações, como exemplo, cita-se que a jurisprudência vem decidindo sobre o tema de disparidade de vencimentos em relação aos cargos da advocacia pública. Em decisão sobre o assunto, do Tribunal de Justiça de São Paulo, afasta-se a aplicação da Súmula 339 do STF,[245] a atual Súmula Vinculante 37, entendendo que seu teor, no caso, feriria o princípio da isonomia, não suprimido pela ordem constitucional vigente, cuja ementa descreve:

> ORDINÁRIA – Município de Sorocaba – Procuradores Municipais – Lei nº 3.800/91 – garantia de igualdade de vencimentos aos ocupantes de cargos iguais ou assemelhados dos Poderes Executivo e Legislativo – Súmula 339 que não se aplica à espécie, ante a expressa previsão legal de isonomia de vencimentos – recurso provido.[246]

A própria corrente jurisprudencial do Supremo Tribunal Federal adota esse sentido, observando uma coerência histórica em relação ao princípio da isonomia, sendo em tal ponto que a Súmula Vinculante em destaque encontra suas restrições interpretativas.

Em julgamento no qual se discutiu a isonomia entre procuradores do Estado do Rio de Janeiro e procuradores da Assembleia Legislativa do Estado do Rio de Janeiro, o STF, em decisão monocrática do ministro Marco Aurélio, adotou o entendimento que a previsão legal de isonomia deve ser observada.

Concluindo "que os procuradores do Estado deveriam ser remunerados de forma idêntica à dos procuradores da Assembleia Legislativa", não houve afronta ao enunciado da Súmula Vinculante 37,

---

[244] A igualdade aplica-se, sobretudo, em face da atuação do Executivo, mas não apenas deste. Impõe-se, igualmente, como comando dirigido ao Legislativo e, também, ao próprio Poder Judiciário, no desenrolar do processo judicial (por ocasião do tratamento a ser dispensado a cada uma das partes). Entende-se, pois, que "(...) o alcance do princípio não se restringe a nivelar os cidadãos diante da norma legal posta, mas que a própria lei não pode ser editada em desconformidade com a isonomia". E que, ademais, na atuação do Poder Judiciário, está ele igualmente jungido aos ditames da isonomia. (TAVARES, André Ramos. *Curso de Direito Constitucional*. 5. ed. São Paulo: Saraiva, 2007, p. 525-526).

[245] Não se aplica aqui o disposto na Súmula 339 do c. STF. Realmente não tem o Judiciário função legislativa, mas no caso há lei específica sobre a matéria. Cuida-se apenas de garantir aos servidores um direito previsto no ordenamento vigente. SÃO PAULO. Tribunal de Justiça de São Paulo. Apelação nº 0050788-46.2009.8.26.0602. Apelante: Associação dos Procuradores Municipais de Sorocaba. Apelado: Prefeitura Municipal de Sorocaba. Ordinária. Relator: Angelo Malanga, Data de Julgamento: 05/04/2011, 3ª Câmara de Direito Público.

[246] *Ibidem*.

tendo em vista que se prestigiou o princípio da isonomia entre iguais e da inafastabilidade de jurisdição, impondo-se o tratamento igualitário ignorado pela atividade legiferante.[247]
Até mesmo na esfera do Poder Judiciário, em relação aos vencimentos de magistrados, o tema se destaca. Discute-se em ação judicial a aplicação do princípio da isonomia entre juízes federais titulares e substitutos no âmbito do Tribunal Regional Federal da 2ª Região, havendo decisão em 2ª instância que garante o tratamento isonômico, com a seguinte ementa:

> Administrativo. Ajuferjes. Juízes federais substitutos e Titulares. Equiparação Remuneratória. Artigos 22, §2º e 61 da Loman. Identidade de Atribuições Funcionais. É procedente o pedido de equiparar o valor dos vencimentos e vantagens e gratificações percebidos pelos Juízes

---

[247] Decisão Isonomia – Situação Constituída – Reconhecimento na Origem – Recurso Extraordinário – Negativa de Seguimento ao Pedido. 1. O Gabinete prestou as seguintes informações: O Tribunal de Justiça do Estado do Rio de Janeiro, no julgamento da Apelação Cível nº 12.826/99, entendeu que, à exceção de vantagens de caráter individual e pertinentes à natureza ou ao local de trabalho, os servidores da Administração Direta têm jus a isonomia de vencimentos para cargos de atribuições iguais ou assemelhados dentro do mesmo Poder ou em relação a servidores dos demais Poderes. Dessa forma, os Procuradores do Estado deveriam receber vencimentos idênticos ao dos Procuradores da Assembleia Legislativa do citado ente. Consignou estar a aludida paridade prevista no artigo 135 da Constituição Federal, no qual determinada a aplicação dos artigos 37, inciso XII, e 39, §1º. (...) O acórdão impugnado encontra-se assim ementado (folha 369): Administrativo – Ação Ordinária – Procuradores do ERJ – Isonomia de vencimentos com os Procuradores da Alerj – É entendimento uniforme do Excelso Pretório, o de que a regra isonômica, consubstanciada no art. 39, §1º, da Constituição Federal, não necessita de qualquer norma, que a regulamente, sendo autoaplicável – Sua posterior derrogação pela EC nº 19/98, em nada altera a situação jurídica dos demandantes, por força da norma limitativa do art. 60, §4º, inc. IV, dessa mesma Constituição – Aquela regra, ao vincular o legislador, impõe-lhe o dever de atribuir tratamento paritário à remuneração de cargos, com atribuições iguais, análogas, ou interligadas, as quais restaram unificadas pela própria Carta Federal, como Advocacia de Estado – Sendo assemelhadas as funções de ambas as categorias de Procuradores, têm os demandantes direito à paridade pleiteada, observada a prescrição quinquenal – Provimento do recurso. (...) Informo ser o processo anterior à entrada em vigor do sistema da repercussão geral. 2. Notem haver o Tribunal de Justiça do Estado do Rio de Janeiro apreciado controvérsia presente situação jurídica devidamente constituída quando em vigor o artigo 39, §1º, da Lei Maior, na redação primitiva, anterior à Emenda Constitucional nº 19/98. Longe ficou o Tribunal de adotar entendimento contrário à Carta da República. Simplesmente, constatou a incidência do mencionado preceito, no que prevista a isonomia de vencimentos para cargos de atribuições iguais ou assemelhadas do mesmo Poder ou entre os servidores dos Poderes Executivo, Legislativo e Judiciário, ressalvadas as vantagens de caráter individual e as relativas à natureza ou ao local de trabalho. Então, concluiu que os procuradores do Estado deveriam ser remunerados de forma idêntica à dos procuradores da Assembleia Legislativa. (...) BRASIL. Supremo Tribunal Federal. *Recurso Extraordinário nº 323.004*. Recorrente: Estado do Rio de Janeiro. Recorrido: Roberto Richelette Freire de Carvalho. Relator: Min. Marco Aurélio, julgado em 27/12/2012, publicado em DJe 24. Divulg. 04/02/2013. Public. 05/02/2013.

Federais Substitutos vitalícios àqueles percebidos pelos Juízes Federais Titulares. O § único do artigo 61 da LC nº 35/79 (Loman) é claro ao prever a mesma remuneração a todos Juízes Federais de 1º grau, desde que vitalícios. A aplicação das Leis nº 7.595/87, 7.727/89 e 9.655/98 e da Resolução nº 129/94 do CJF deve ser interpretada em consonância com a norma hierarquicamente superior. Embora justa, não se acolhe a pretensão em favor dos juízes não vitalícios. Pedido parcialmente procedente. Apelo da Ajuferjes parcialmente provido.[248]

Portanto, encontra-se a seguinte equação diante dos entendimentos alcançados pela jurisprudência e pelo próprio STF: existindo previsão legal e/ou verificada a igualdade (art. 39, §1º, da CR/88), o direito à isonomia de vencimentos deve se efetivar pela via legislativa; e quando a previsão legal que garante o direito de isonomia não é observada? Neste momento, não há qualquer sentido em aplicar a Súmula Vinculante 37. Não há outro caminho senão a correção pela via judicial.[249]

Justamente por estar em discussão a dimensão do princípio da isonomia, fator condicionante que deve prevalecer enquanto direito fundamental, é que se afere a distinção do caso apresentado ao enunciado vinculante em questão. A ordem constitucional vigente não suprimiu o princípio da isonomia, ao contrário, resguarda-o.

Percebe-se que técnica do *distinguishing* é adequada aos exemplos. A especificidade do caso, embora verificada a proximidade com a literalidade do enunciado da Súmula Vinculante 37, autoriza sua não-aplicação por não se encontrar em sua área de abrangência.[250]

---

[248] ESPÍRITO SANTO. RIO DE JANEIRO Tribunal Regional Federal da 2ª Região. Apelação Cível 546074 2009.51.01.027327-0. Apelante: Associação dos Juízes Federais do Rio de Janeiro e Espírito Santo – Ajuferjes; Apelado: União Federal. Sexta Turma Especializada do Tribunal Regional Federal da Segunda Região. Relator: Guilherme Couto de Castro. Data da Decisão: 02/05/2012. Data de Publicação: 10/05/2012.

[249] A impossibilidade de controlar a constitucionalidade das súmulas vinculantes, perante o caso concreto, não só afrontaria o *judicial control* e o direito de ação, como ainda confrontaria a independência judicial, posto que, "a independência do tribunal ou do juiz manifesta-se como garantia de que a sentença judicial pode valer como emanação do direito e não simplesmente como acto decisionista do Estado". (STRECK, Lenio Luiz; ABBOUD, Georges. *O que é isto*: o precedente judicial e as súmulas vinculantes? 2. ed. rev. atual. Porto Alegre: Livraria do Advogado, 2014, p. 120).

[250] Para este autor, "o *distinguish*, portanto, significa criar uma exceção à regra geral na medida em que, como o caso que atualmente se decide se encontra por ela abrangida, deveria ser, mas de fato não é por ela alcançado". (DIDIER JUNIOR, Fredie; BRAGA, Paula Sarno. OLIVEIRA, Rafael de Oliveira. *Curso de Direito Processual Civil*. 9. ed. Salvador: Juspodivm, 2014. V. 2, p. 406).

Em relação à garantia aos direitos fundamentais, a Súmula Vinculante em questão, quando cegamente aplicada, agride o princípio da inafastabilidade de jurisdição,[251] direito arrolado no artigo 5º, XXXV da CR/88. Trata-se de dispositivo constitucional de caráter fundamental, não se podendo restringir a atuação do Poder Judiciário no que concerne às suas funções.

O desrespeito à ordem jurídica não pode ser desconsiderado, retirando-se dos órgãos jurisdicionais a viabilidade de acesso para aplicação do Direito e garantia dos direitos fundamentais.

Desse modo, para uma leitura adequada da Súmula Vinculante 37, necessário reconhecer o histórico jurisprudencial do STF para se entender que o enunciado do verbete visa a restringir que o Poder Judiciário usurpe funções legislativas, mas não que se abstenha de exercer regularmente as suas.

A leitura proposta reflete a postura interpretativa adotada pelo STF, sendo possível observar que tal postura relativiza o instituto das Súmulas Vinculantes, estabelecendo sua aplicabilidade coerente com os preceitos constitucionais, visando a impedir que a vinculação seja cega em relação às especificidades do caso concreto.

O desenvolvimento teórico de Robert Alexy sobre "A Estrutura do Balanceamento" define, nesse ponto, o princípio da proporcionalidade. Descreve a forma de adoção de princípios que interfiram o menos possível um em outro possivelmente aplicáveis ao mesmo caso, promovendo uma ideia não de exclusão de um em relação ao outro, mas sim uma postura de se retirar o máximo de garantia que cada princípio oferece.

É um juízo de balanceamento,[252] de aplicação do princípio da proporcionalidade, perante os fatores fáticos e os princípios norteadores

---

[251] Art. 5º XXXV. A lei não excluirá da apreciação do Poder Judiciário lesão ou ameaça a direito. BRASIL. *Constituição da República Federativa do Brasil de 1988*. DOU de 05/10/1988, p. 1.

[252] No Direito Constitucional alemão, o balanceamento é uma parte do que é requerido por um princípio mais abrangente (*comprehensive*). Esse princípio mais abrangente é o princípio da proporcionalidade (*Verhältnismäßigkeitsgrundsatz*). O princípio da proporcionalidade consiste de três princípios: os princípios da adequação, da necessidade e da proporcionalidade em sentido estrito. Todos os três princípios expressam a ideia de otimização. Os direitos constitucionais enquanto princípios são comandos de otimização. Enquanto comandos de otimização, princípios são normas que requerem que algo seja realizado na maior medida possível, das possibilidades fáticas e jurídicas. Os princípios da adequabilidade e da necessidade dizem respeito ao que é fática ou factualmente possível. O princípio da adequação exclui a adoção de meios que obstruam a realização de pelo menos um princípio sem promover qualquer princípio ou finalidade para a qual eles foram adotados. Se um meio M, adotado para promover o princípio P1, não é adequado a essa finalidade, mas

do sistema jurídico, principalmente os que versam sobre direitos fundamentais, que se apresentam como suporte para a mencionada relativização da aplicação dos enunciados vinculantes.

Por ponderação se aplicam os princípios, na ótica de Alexy, e as regras por subsunção. Na mesma esteira, Dworkin defende a dimensão de peso dos princípios e o caráter excludente de aplicação de regras.[253] Em ambos, devem-se ater quando da aplicação das Súmulas Vinculantes.

Interessante notar que, após a demonstração de relativização dos enunciados das Súmulas Vinculantes 5, 18 e 37, pelo próprio STF, devem os demais órgãos judiciários e a Administração Pública sempre proceder à análise de aplicação das Súmulas Vinculantes aos casos concretos sob a ótica dos direitos fundamentais, de acordo com o momento constitucional vivido, com o intuito de se extrair sua máxima eficácia no que tange a proteção dos direitos e garantias, afastando-se, com base nas diretrizes constitucionais, a vinculação das súmulas quando se aferir condição de inaplicabilidade, considerando que não se verifica a vinculação obrigatória pela imposição legal.

---

obstrui a realização de P2, então não haverá custos quer para P1 ou P2 se M for omitido, mas haverá custos para P2 se M for adotado. Então, P1 e P2, tomados conjuntamente, podem ser realizados em um grau mais alto relativamente ao que é factualmente possível se M for abandonado. P1 e P2, quando considerados conjuntamente, proíbem o uso de M. Isto demonstra que o princípio da adequabilidade não é nada mais do que uma expressão da ideia do *optimal* de Pareto: uma posição pode ser melhorada sem ser em detrimento da outra. O mesmo se aplica ao princípio da necessidade. Esse princípio requer que um dos dois meios de promover P1, que sejam, em um sentido amplo, igualmente adequados, deva ser escolhido aquele que interfira menos intensamente em P2. Se há um meio menos intensamente interferente e que seja igualmente adequado, pode-se melhorar a posição de alguém sem qualquer custo para outros. A aplicabilidade do princípio da necessidade pressupõe, no entanto, que não haja um terceiro princípio ou finalidade (*goal*), P3, que seja negativamente afetado pela adoção dos meios intensivamente menos interferentes em P2. Se esse arranjo de coisas surge, o caso não pode ser decidido por considerações relativas ao *optimal* de Pareto. Quando os custos forem inevitáveis, o balanceamento torna-se necessário. O balanceamento sujeita-se a um terceiro sub-princípio da proporcionalidade, o princípio da proporcionalidade em sentido estrito. Esse princípio expressa o que significa a otimização relativa às possibilidades jurídicas (legal). Ela é idêntica à regra que pode ser denominada "Lei do Balanceamento". Essa regra estabelece que: quanto maior o grau de não-satisfação ou de detrimento de um princípio, maior a importância de se satisfazer o outro. Essa regra expressa a tese de que a otimização relativa de princípios concorrentes consiste em nada mais do que o balanceamento desses princípios" (ALEXY, Robert. Direitos fundamentais, balanceamento e racionalidade. Tradução: Menelick de Carvalho Netto. *In Ratio Juris*. V. 16, n. 2, 2003, p. 135-136).

[253] STRECK, Lenio Luiz. *Verdade e consenso*: constituição, hermenêutica, e teorias discursivas. Da possibilidade à necessidade de respostas corretas em Direito. 3. ed. Rio de Janeiro: Lumen Juris, 2009, p. 518.

4.5 A necessária interpretação das Súmulas Vinculantes enquanto textos

Apesar da necessidade de se proceder à leitura das Súmulas Vinculantes com o enfoque constitucional de garantia aos direitos fundamentais, inferindo-se seu teor normativo sempre por meio do processo de interpretação que propicie a exata formação da decisão jurídica contextualizada e coerente com o Direito, persiste-se na possibilidade de se estabilizar as relações jurídicas por meio de enunciados absolutos.

E vem de pronunciamentos de ministros do STF essa ideia. A ministra Ellen Gracie, em sua manifestação nos debates da aprovação da Súmula Vinculante 14, assim se posicionou:

> Como vimos aqui no debate, ao que tudo indica, a aplicação ou não dessa súmula vai depender de interpretação a ser dada por cada uma das autoridades policiais, no curso das investigações. Isso não é um bom sinal – volto a dizer –, parece-me sinalizar no sentido das minhas preocupações. A súmula é algo que não deve ser passível de interpretação, deve ser suficientemente clara para ser aplicada sem maior tergiversação.[254]

Não se pode esperar que as Súmulas Vinculantes propiciem o que não se vislumbrou possível com o pensamento exegético, encerrando conceitos os quais não são (ou não podem ser), em qualquer hipótese, interpretáveis, visando a "aprisionar" a tarefa hermenêutica.[255]

No entanto, coadunando com o sentido oposto, o ministro do STF Ricardo Lewandowski entoa caráter desafiador em relação à sabedoria

---

[254] BRASIL. Supremo Tribunal Federal. Proposta de Súmula Vinculante 1-6 Distrito Federal. DJe 59. Divulgação 26/03/2009. Publicação 27/03/2009. Ementário nº 2354-1. Acesso em: 4 dez. 2023. Disponível em: https://www.stf.jus.br/arquivo/cms/jurisprudenciaSumulaVinculante/anexo/SUV_14__PSV_1.pdf.

[255] Nesse contexto, o senso comum teórico predominante reproduz uma espécie de "ideologia-do-conceito-com-pretensões-de-aprisionar-os-fatos-de-antemão". Trata-se de uma pretensão metafísica. (...) No fundo, portanto, quando se faz uma súmula ou uma "ementa", busca-se sequestrar todas as possíveis contingências que venham irritar "o sistema". Quem faz uma ementa e dela se serve de forma atemporal e a-histórica está igualando texto e norma, lei e direito. (...) a hermenêutica é exatamente a construção para demonstrar que é impossível ao legislador antever todas as hipóteses de aplicação. STRECK, Lenio Luiz; ABBOUD, Georges. *O que é isto:* o precedente judicial e as súmulas vinculantes? 2. ed. rev. atual. Porto Alegre: Livraria do Advogado, 2014, p. 34.

da Escola da Exegese,[256] em seu voto na ADPF 54-DF, onde se discutiu a tipicidade de aborto de feto anencéfalo:

> Nessa linha de raciocínio, a tão criticada – e de há muito superada – Escola da Exegese, que pontificou na França no século XIX, na esteira da edição do Código Civil Napoleônico, legou-nos uma assertiva de difícil, senão impossível, contestação: *In claris cessat interpretatio*. Ou seja, quando a lei é clara não há espaço para a interpretação.[257]

As colocações dos ministros denotam a predisposição em se localizar a solução dos casos jurídicos de forma automática e mecânica,[258] desconsiderando-se qualquer fator de influência, moldando seu enunciado como norma instransponível.

Os fatores condicionantes elencados para as Súmulas Vinculantes 5, 18 e 37 se apresentam como elemento crítico da tentativa frustrada de se impor vigor absoluto às Súmulas Vinculantes, demonstrando que o próprio órgão que edita seus enunciados os afasta em determinados casos concretos, pela análise de peculiaridades.

Percebe-se a postura do STF na aplicação das Súmulas Vinculantes no sentido de respeito aos direitos fundamentais que permeiam as relações jurídicas em detrimento dos enunciados.[259] Ou seja, o STF, adotando uma postura de interpretação das Súmulas Vinculantes de acordo com o ordenamento jurídico, trata de, por seus próprios meios

---

[256] Daí ser no mínimo defasada a decisão do Min. Ricardo Lewandowski, que no ano de 2012 ainda lançou mão do brocardo que afirma inexistir interpretação diante da clareza do texto, ressaltando e elogiando esse legado da Escola da Exegese. (...) Na mesma linha de raciocínio pode ser exposta a manifestação da Min. Ellen Gracie, que durante o debate acerca da súmula vinculante nº 14, afirmou que a súmula vinculante ideal deveria ser aquela que não fosse passível de interpretação. Ou seja, ainda se acredita que é possível a utilização/aplicação de um texto sem sua respectiva interpretação. *Ibidem*, p. 62-63.

[257] BRASIL. Supremo Tribunal Federal. *Arguição de Descumprimento de Preceito Fundamental 54, Distrito Federal*. DJe 80. Divulg. 29/04/2013. Public. 30/04/2013. Acesso em: 17 fev. 2015. Disponível em: http://redir.stf.jus.br/paginadorpub/paginador.jsp?docTP=TP&docID=3707334.

[258] A súmula vinculante seria o maior expoente daquilo que Kaufmann denominou de computador juiz, em que a solução do caso ocorreria de maneira simplesmente mecânica, por meio da subsunção, no qual a norma, em sua completude, estaria presente na súmula vinculante e seria a solução aplicável para os diversos casos, não levando em conta a situação pessoal e a historicidade de cada caso. (STRECK, Lenio Luiz; ABBOUD, Georges. *O que é isto: o precedente judicial e as súmulas vinculantes?* 2. ed. rev. atual. Porto Alegre: Livraria do Advogado, 2014, p. 62).

[259] Nesse ponto, faz-se necessário esclarecer que o pensamento jurídico dominante incorre no equívoco de equiparar texto e norma. Tal distinção, contudo, é importante para demonstrar que a súmula não é norma em si, ou seja, ela também pode ser interpretada, por mais objetiva que seja. Até mesmo porque: não há clareza que dispense interpretação. (*Ibidem*).

e instrumentos, distanciar-se da pretensão de impor caráter absoluto aos enunciados que edita.

CAPÍTULO 5

AS SÚMULAS VINCULANTES EM RELAÇÃO ÀS CONDIÇÕES DA AÇÃO

5.1 Influências processuais causadas pelas Súmulas Vinculantes

As alterações constitucionais introduzidas pela EC 45/04 visando a proporcionar celeridade processual e uniformidade nas decisões jurídicas por meio de instrumentos como as Súmulas Vinculantes acarretaram interferências no campo processual, considerando a obrigatoriedade que a lei impõe em sua aplicabilidade em relação a casos idênticos.

Pretende-se descrever como o fator vinculatório de súmulas editadas pelo STF impõe uma mudança inevitável sobre o processo e sobre a forma de sua condução pelo magistrado e pelas partes. Sendo a Súmula Vinculante o entendimento jurisprudencial do STF que tem por finalidade dar uniformidade à interpretação jurídica, obtém-se, mesmo sem uma relação processual formada, a resposta judicial sobre determinada relação jurídica.[260]

A forma como é alcançada a prestação jurisdicional, portanto, é substancialmente alterada, uma vez que o magistrado se encontra vinculado ao entendimento ainda antes da relação jurídica instaurada.

---

[260] São os limites hermenêuticos de cada ato interpretativo. O instituto das súmulas vinculantes pretende colocar esses limites, só que ao modo de uma espécie de "adiantamento de sentidos mínimos", para verticalizar o processo de interpretação do Direito (STRECK, Lenio Luiz. *In*: CANOTILHO, J. J. Gomes *et al*. *Comentários à Constituição do Brasil*. São Paulo: Saraiva/ Almedina, 2013, p. 1.432).

Em outras palavras, em casos para os quais seja necessário o respaldo jurisprudencial por não se encontrar na legislação prescrição suficiente para julgá-los, o enunciado de Súmula Vinculante será a resposta já concretizada pela jurisprudência e que obrigatoriamente deve ser seguida.

Assim, a discussão de como o processo é formado e conduzido, quando houver previsão da matéria debatida em Súmula Vinculante, é necessária no ponto de vista da celeridade e segurança jurídica, mas também em consonância com os demais princípios do Direito e garantias fundamentais, uma vez que ao magistrado cabe a aplicação dos enunciados sumulares de acordo com os demais preceitos normativos, conforme a legislação processual e material, preservando, sempre, a garantia aos direitos fundamentais.

Os pontos expostos visam a demonstrar os perigos de se buscar, com cada vez mais constância e intensidade, a solução dos conflitos jurídicos tendo por princípio primordial a celeridade, prezando-se pelo critério quantitativo em detrimento do qualitativo, aniquilando o debate processual e distanciando-se da tarefa interpretativa típica do Judiciário, trazendo brechas para uma discricionariedade judicial de aplicação de enunciados vinculantes sem a devida discussão de cabimento.

5.2 A vinculação decisória e a influência nas condições da ação

A definição de direito processual civil como ramo da ciência jurídica que trata do complexo das normas reguladoras do exercício da jurisdição civil,[261] estabelecendo-se sua autonomia perante o direito material, tem recebido destaque, encorpando a ideia dessa autonomia pela diversidade de natureza e objetivos.

Como objetivo do processo, encontra-se a função de assegurar a ordem jurídica, alcançando-se a solução de litígios por meio do sistema normativo formado democraticamente. Assim, a jurisdição se concretiza por meio do processo, sendo garantia fundamental seu acesso.[262]

---

[261] THEODORO JUNIOR, Humberto. *Curso de Direito Processual Civil* – Teoria geral do direito processual civil e processo de conhecimento. Rio de Janeiro: Forense, 2014. V. I. p. 2.

[262] O princípio da proteção judiciária, também chamado princípio da inafastabilidade do controle jurisdicional, constitui, em verdade, a principal garantia dos direitos subjetivos. Mas ele, por seu turno, fundamenta-se no princípio da separação dos poderes, reconhecido pela doutrina como garantia das garantias constitucionais. (SILVA, José Afonso da. *Curso*

Nesse ponto, é importante dar enfoque à ligação entre o direito processual e os preceitos constitucionais sobre o tema, considerando o conceito de horizontalização dos direitos fundamentais.[263] Atualmente, tem-se concebido a constitucionalização dos ramos do Direito de forma a toda norma corresponder a uma diretriz constitucional e ir ao seu encontro.[264]

Portanto, o agir processual, além das normas procedimentais previstas para o exercício regular da jurisdição, deve obedecer estritamente aos preceitos constitucionais que abrangem o tema, sob pena de desfiguração das garantias fundamentais concernentes ao processo.

No artigo 5º da Constituição da República de 1988, vários incisos trazem previsões acerca das garantias processuais. Tidas como fundamentais, tais garantias são a base da formação processual que visa a alcançar o justo deslinde de relações jurídicas desequilibradas.

A corrente que coloca os preceitos constitucionais em primeiro lugar na análise e desenvolvimento processual entende que a prestação jurisdicional deve se valer de um "devido processo constitucional",[265] não mais se restringindo ao "processo legal",[266] mas a um "processo

---

de Direito Constitucional positivo. 33. ed. rev. e atual. São Paulo: Malheiros Editores, 2009, p. 430).

[263] Tem-se observado um crescimento da teoria da eficácia horizontal (ou irradiante) dos direitos fundamentais, ou seja, da teoria da aplicação direta dos direitos fundamentais às relações privadas, especialmente em face de atividades privadas que tenham certo "caráter público", por exemplo, matrículas em escolas, clubes associativos, relações de trabalho etc. O entendimento é que as normas definidoras dos direitos e garantias fundamentais têm aplicação imediata (eficácia horizontal imediata). Certamente essa eficácia horizontal ou irradiante traz uma nova visão da matéria, uma vez que as normas de proteção da pessoa, previstas na Constituição Federal, sempre foram tidas como dirigidas ao legislador e ao Estado (normas programáticas). Essa concepção não mais prevalece, pois a eficácia horizontal torna mais evidente e concreta a proteção da dignidade da pessoa humana e de outros valores constitucionais. (GONÇALVES, Carlos Roberto. *Direito Civil Brasileiro*: parte geral. 9. ed. São Paulo: Saraiva, 2011. V. I. p. 45-46).

[264] Ora, se assegurado o *process* em texto democrático-constitucional, só nos restaria afirmar que processo tem, na atualidade, como lugar devido de sua criação, a Lei Constitucional (o devido processo constitucional como fonte jurisdicional da judicação e direito-garantia das partes). (LEAL, Rosemiro Pereira. *Teoria geral do processo*: primeiros estudos. 12. ed. rev. e atual. Rio de Janeiro: Forense, 2014, p. 42).

[265] A condensação metodológica e sistemática dos princípios constitucionais do processo toma o nome de direito processual constitucional. Não se trata de um ramo autônomo do direito processual, mas de uma colocação científica, de um ponto de vista metodológico e sistemático, do qual se pode examinar o processo em suas relações com a Constituição. (CINTRA, GRINOVER, DINAMARCO, CINTRA, A. C. de A.; GRINOVER, A. P.; DINAMARCO, C. R. *Teoria geral do processo*. 28. ed. São Paulo: Malheiros Editores, 2012, p. 88).

[266] O devido processo, como direito-garantia constitucional, rompe com o conceito privatístico de direito subjetivo pela fidúcia (confiança recíproca – *trust*) em que o Estado-Juiz é o depositário

justo",²⁶⁷ visando-se a assegurar o direito à ordem jurídica justa.²⁶⁸ Tal entendimento decorre da leitura da Constituição e da sua aplicação ao processo como meio da efetiva tutela estatal para a solução de conflitos.²⁶⁹ Dispositivos previstos no artigo 5º da CR/88, citando alguns exemplos, descrevem garantias processuais como o direito da inafastabilidade de jurisdição, o devido processo legal, o contraditório e ampla defesa, o juiz natural, entre outros. O seu inciso LXXVIII apresenta a garantia da razoável duração do processo e os meios para assegurar a celeridade de sua tramitação.

A garantia trazida pelo inciso descrito institui o princípio da celeridade processual como precursor da atividade jurisdicional. Tal preceito ganhou *status* constitucional e de garantia processual tendo em vista a necessidade de implementação de meios eficazes de acelerar o processo, havendo efetivamente um resultado da atuação jurisdicional.²⁷⁰

Desse direcionamento político advêm as Súmulas Vinculantes, frutos da mesma Emenda Constitucional que inseriu o inciso comentado.

---

público da confiança da sociedade civil para resolver litígios e garantir uma suposta paz social. O Judiciário, nas esperadas democracias plenárias, não é o espaço encantado (reificado) de julgamento de casos para a revelação da justiça, mas órgão de exercício judicacional segundo o modelo constitucional do processo em sua projeção atualizada crítico-discursiva (neoinstitucionalista) de intra e infra expansividade principiológica e regradora. O Devido Processo Constitucional é que é jurisdicional, porque o processo é que cria e rege a dicção procedimental do Direito, cabendo ao juiz ditar o Direito pela escritura da lei no provimento judicial. (LEAL, Rosemiro Pereira. *Teoria geral do processo:* primeiros estudos. 12. ed. rev. e atual. Rio de Janeiro: Forense, 2014, p. 44).

²⁶⁷ A teoria substantiva pretende justificar a ideia material de um processo justo, pois uma pessoa tem direito não apenas a um processo legal mas sobretudo a um processo legal, justo e adequado, quando se trate de legitimar o sacrifício da vida, liberdade e propriedade dos particulares. (CANOTILHO, José Joaquim Gomes. *Direito Constitucional e Teoria da Constituição.* 5. ed. Coimbra: Almedina, 2002, p. 488).

²⁶⁸ CINTRA, A. C. de A.; GRINOVER, A. P.; DINAMARCO, C. R. *Teoria geral do processo.* 28. ed. São Paulo: Malheiros Editores, 2012, p. 93.

²⁶⁹ Aliás, segundo Liebman, o Código de Processo Civil não é outra coisa a não ser a lei regulamentar de garantias contidas na Constituição, revelando o que hoje se chama de Jurisdição Constitucional, que, segundo Sagues, se faz pelo direito processual constitucional e não mais pela atividade do juiz ou por um poder totalitário do Estado. (LEAL, Rosemiro Pereira. *Teoria geral do processo:* primeiros estudos. 12. ed. rev. e atual. Rio de Janeiro: Forense, 2014, p. 179).

²⁷⁰ Toda uma grande reforma se fez, nos últimos anos, nos textos do Código de Processo Civil, com o confessado propósito de desburocratizar o procedimento e acelerar o resultado da prestação jurisdicional. Até a própria Constituição foi emendada para acrescer ao rol dos direitos fundamentais a garantia de uma duração razoável do processo e um emprego de técnicas de aceleração da prestação jurisdicional (CF, art. 5º, inc. LXXVIII, com o texto da EC nº 45, de 08/12/2004). (THEODORO JUNIOR, Humberto. *Curso de Direito Processual Civil* – Teoria geral do direito processual civil e processo de conhecimento. Rio de Janeiro: Forense, 2014. V. I. p. 5).

Assim, imbuído do anseio de resposta rápida aos conflitos jurídicos, alicerçado no preceito constitucional de celeridade processual, o magistrado se encontra obrigado a aplicar o conteúdo da Súmula Vinculante quando aferir a perfeita adequação entre o caso em análise no processo e o seu enunciado. Portanto, verifica-se que, antes mesmo de formada a relação processual entre autor e réu, já há a solução jurídica para o caso, conforme houver orientação descrita em Súmula Vinculante.

Para a perfeita explicação sobre o ponto de vista proposto, impõe-se dedicar sobre elementos do Direito Processual. Estudando a matéria relativa às condições da ação, importante rememorar que o Código de Processo Civil previa a possibilidade jurídica do pedido, tratando sobre o tema Humberto Theodoro Junior:

> (...) a possibilidade jurídica consiste na prévia verificação que incumbe ao juiz fazer sobre a viabilidade jurídica da pretensão deduzida pela parte em face do direito positivo em vigor. O exame realiza-se, assim, abstrata e idealmente, diante do ordenamento jurídico. Predomina na doutrina o exame da possibilidade jurídica sob o ângulo de adequação do pedido ao direito material a que eventualmente correspondesse a pretensão do autor. Juridicamente impossível seria, assim o pedido que não encontrasse amparo no direito material positivo.[271]

Conforme a definição transcrita, possibilidade jurídica do pedido seria a análise de cabimento da pretensão perante o ordenamento jurídico, encontrando bases normativas que sirvam de fundamentos para o pleito.[272]

Com o advento do Código de Processo Civil de 2015, a impossibilidade jurídica do pedido foi suprimida positivamente do ordenamento normativo, devendo ser levantados princípios como da razoável duração do processo, celeridade, eficiência e boa-fé para se

---

[271] THEODORO JUNIOR, Humberto. *Curso de Direito Processual Civil* – Teoria geral do direito processual civil e processo de conhecimento. Rio de Janeiro: Forense, 2014. V. I. p. 79.

[272] Às vezes, determinado pedido não tem a menor condição de ser apreciado pelo Poder Judiciário, porque já excluído a priori pelo ordenamento jurídico sem qualquer consideração das peculiaridades do caso concreto. Nos países em que não há o divórcio, será juridicamente impossível um pedido de sentença com o efeito de dar às partes o status de divorciados; essa demanda será desde logo repelida, sem que o juiz chegue a considerar quaisquer alegações feitas pelo autor e independentemente mesmo da prova dessas alegações. (...) Nesses exemplos, vê-se que o Estado se nega a dar a prestação jurisdicional, considerando-se, por isso, juridicamente impossível qualquer pedido dessa natureza. (CINTRA, A. C. de A.; GRINOVER, A. P.; DINAMARCO, C. R. *Teoria geral do processo*. 28. ed. São Paulo: Malheiros Editores, 2012. p. 288).

justificar no plano prático a atuação jurisdicional em demandas cujo objeto tenha restrição legal pré-definida, antes da formação processual.

No caso de demandas que tratam de matérias cujo teor esteja previsto em Súmulas Vinculantes, o CPC/2015 trata expressamente da impossibilidade jurídica da demanda, autorizando o juiz que, independentemente da citação do réu, julgará liminarmente improcedente o pedido que contrariar enunciado de súmula do Supremo Tribunal Federal.[273]

Noutro giro, importa salientar que o pedido "possível" em uma ação se apresenta em dois momentos: o imediato e o mediato. O imediato seria o pedido de tutela jurisdicional, ou seja, o juiz deve analisar o caso proposto sob a ótica da pertinência do direito material com a vinculação ao direito processual. Conforme definição de Carlos Eduardo Ferraz de Mattos Barroso:

> Como na ação o autor destina sua pretensão a duas pessoas distintas (o Estado-juiz e a parte adversa), é obrigatória a formulação de dois pedidos distintos na petição inicial. O primeiro deles é o pedido mediato, de direito material, voltado contra o réu e fundado no direito material objetivo violado. O segundo é o pedido imediato, de natureza processual, formulado contra o Estado-juiz e que visa a obtenção de uma sentença de mérito que reconheça seu direito material e sujeite o réu à sua observância".[274]

Ou seja, o direito material deve corresponder a objeto cujo conteúdo seja possível ser alcançado por meio do processo. Como exemplo corriqueiro, pode-se citar o pagamento por dívida de jogo que, quando voluntário, encontra abrigo no artigo 814 do Código Civil, e que, todavia, não pode ser objeto de ação judicial, uma vez que não se admite cobrança por dívida de tal natureza.[275] Portanto, a cobrança de dívida

---

[273] Art. 332. Nas causas que dispensem a fase instrutória, o juiz, independentemente da citação do réu, julgará liminarmente improcedente o pedido que contrariar: I – enunciado de súmula do Supremo Tribunal Federal ou do Superior Tribunal de Justiça; II – acórdão proferido pelo Supremo Tribunal Federal ou pelo Superior Tribunal de Justiça em julgamento de recursos repetitivos; III – entendimento firmado em incidente de resolução de demandas repetitivas ou de assunção de competência; IV – enunciado de súmula de tribunal de justiça sobre direito local. BRASIL. *Lei nº 13.105/2015*. Código de Processo Civil. DOU de 16/03/2015, p. 1.

[274] BARROSO, Carlos Eduardo Ferraz de Mattos. *Teoria geral do processo e processo de conhecimento*. 12. ed. São Paulo: Saraiva, 2011, p. 48.

[275] Art. 814. As dívidas de jogo ou de aposta não obrigam a pagamento; mas não se pode recobrar a quantia, que voluntariamente se pagou, salvo se foi ganha por dolo, ou se o perdente é

de jogo pela via judicial é vedada pelo sistema jurídico, caracterizando a impossibilidade jurídica do pedido imediato.[276]

A impossibilidade jurídica do pedido imediato, desse modo, acarreta a inviabilidade processual para a instauração e sua formação, ante a expressa vedação legal. O Estado-juiz, nesse caso, encontra-se impedido de proferir uma sentença de mérito.

Já o pedido mediato trata da pretensão a que se refere ao direito material propriamente. Secundário, pois, à verificação do pedido imediato frente ao ordenamento jurídico.

Portanto, havendo causa de pedir (pretensão) amparada em previsão normativa e não havendo objeção processual para a propositura da ação, verifica-se a existência da possibilidade jurídica do pedido mediato e imediato, respectivamente.

Ocorre que a viabilidade jurídica da demanda, em seu aspecto de condição da ação (interesse e legitimidade), sofre notável interferência dependendo do modo como uma Súmula Vinculante estabelece entendimento sobre tema jurídico a ser discutido em demanda judicial.

Tal afirmação é comprovada pelos seguintes fatores: trazendo a Súmula Vinculante a definição jurisprudencial sobre o tema, e sendo esta de observância obrigatória, verifica-se que a possibilidade jurídica do pedido imediato (viabilidade jurídico-processual do pedido) e mediato (viabilidade jurídico-material do pedido) ganha outro contorno, o de possível e certo, uma vez que o enunciado da Súmula Vinculante guarda os pressupostos da possibilidade imediata e mediata, já que define uma situação jurídica, e, de pronto, também já entrega a resposta para a causa, moldando, antecipadamente, a certeza do resultado processual.

Portanto, cabe discutir, nesse ponto, a extensão da vinculação das Súmulas Vinculantes, tendo em vista que não se pode conceber o devido processo legal sem a efetiva participação de autor e réu e a decisão conforme a instrução processual.

---

menor ou interdito. BRASIL. *Lei nº 10.406, de 10 de janeiro de 2002*. Institui o Código Civil. DOU de 11/01/2002, p. 1.

[276] O pedido é juridicamente possível quando o ordenamento não o proíbe expressamente. Deve entender-se o termo "pedido" não em seu sentido estrito de mérito, pretensão, mas conjugado com a causa de pedir. Assim, embora o pedido de cobrança, estritamente considerado, seja admissível pela lei brasileira, não o será se tiver como *causa petendi* dívida de jogo. (NERY JUNIOR, Nelson. *Código de Processo Civil comentado e legislação extravagante*. 9. ed. rev. atual. e ampl. São Paulo: Revista dos Tribunais, 2006, p. 437).

5.3 Inviabilidade jurídica da demanda decorrente de Súmula Vinculante

Com o intuito de ilustrar o trabalho, cabe a análise da Súmula Vinculante 31, a qual traz o seguinte texto: "É inconstitucional a incidência do Imposto sobre Serviços de Qualquer Natureza – ISS sobre operações de locação de bens móveis".[277]

Firmada a orientação jurisprudencial pelo STF,[278] a qual encontra eco também na doutrina,[279] estabelece o verbete a inconstitucionalidade do ISS em relação às operações que descreve. Considerando o texto sumular, conclui-se que a vinculação ao seu comando institui uma barreira à cobrança do Imposto Sobre Serviço, a que alude, na esfera judicial, pois pedido de tal natureza se encontra vedado, já que expressamente declarada sua inconstitucionalidade.

Com isso, define-se que a redação da Súmula Vinculante 31 criou um critério normativo objetivo de impossibilidade jurídica de pedido imediato relacionado à cobrança de ISS sobre operações de locação de bens móveis, e, dessa forma, a sua cobrança judicial não encontra respaldo jurídico.

Assim como o exemplo da impossibilidade de cobrança pela via judicial de dívida oriunda de jogo por expressa disposição legal (art. 814, Código Civil/2002), a vinculação jurídica à Súmula Vinculante 31 estabelece óbice às condições da ação em relação a processo de execução

---

[277] BRASIL. Supremo Tribunal Federal. Súmula Vinculante 31. Data de Aprovação. Sessão Plenária de 04/02/2010. DJe 28 de 17/02/2010, p. 1. DOU de 17/02/2010, p. 1.

[278] Ementa: Imposto sobre serviços (ISS) – Locação de veículo automotor – Inadmissibilidade, em tal hipótese, da incidência desse tributo municipal – Distinção necessária entre locação de bens móveis (obrigação de dar ou de entregar) e prestação de serviços (obrigação de fazer) – Impossibilidade de a legislação tributária municipal alterar a definição e o alcance de conceitos de Direito Privado (CTN, art. 110) – Inconstitucionalidade do item 79 da antiga lista de serviços anexa ao Decreto-Lei nº 406/68 – Precedentes do Supremo Tribunal Federal – Recurso improvido. – Não se revela tributável, mediante ISS, a locação de veículos automotores (que consubstancia obrigação de dar ou de entregar), eis que esse tributo municipal somente pode incidir sobre obrigações de fazer, a cuja matriz conceitual não se ajusta a figura contratual da locação de bens móveis. Precedentes (STF). Doutrina". BRASIL. Supremo Tribunal Federal. *Recurso Extraordinário* 446.003 AgR, Relator Ministro Celso de Mello, Segunda Turma, julgamento em 30/05/2006, DJ de 04/08/2006.

[279] (...) a lei complementar para editar normas gerais de Direito Tributário, inclusive para estruturar os fatos geradores de tributos e de suas espécies, como está no art. 146, III, *a*, da CF, não implica licença para alterar as áreas tributáveis, entregues constitucionalmente às pessoas políticas, caso contrário, seria inútil a Constituição. No que tange ao ISS, nada mais verdadeiro. (...) Urge assuma o Poder Judiciário sua função de intérprete da Constituição, conferindo-lhe feição inteligível (COÊLHO, Sacha Calmon Navarro. *Curso de Direito Tributário brasileiro*. 14. ed. rev. e atual. Rio de Janeiro: Forense, 2015, p. 344).

fiscal de ISS da natureza descrita, por falta de possibilidade jurídica do pedido imediato.

A Súmula Vinculante 12 também pode ser utilizada como padrão do preceito que ora se propõe. Apresenta-se seu enunciado: "A cobrança de taxa de matrícula nas universidades públicas viola o disposto no art. 206, IV, da Constituição da República de 1988".[280]

Da redação descrita se infere que não é devida a taxa de matrícula em universidades públicas. Portanto, no que tange às condições da ação, a discussão judicial acerca da cobrança de taxa de matrícula nas universidades públicas encontra obstáculo no sistema normativo decorrente da Súmula Vinculante em tela, pois se verifica a impossibilidade jurídica do pedido imediato, já que não há autorização para que a matéria seja iniciada no campo processual.

De tal forma, o texto da Súmula Vinculante 12 atinge a matéria não no momento de análise do mérito na decisão jurisdicional, após a instrução processual, mas, sim, no momento de verificação das condições da ação, pois define a possibilidade jurídica do pedido imediato.

Elucidando o tema sobre possibilidade jurídica do pedido, a definição de Humberto Theodoro Junior: "Fala-se, para distinguir esses dois aspectos do pedido, em pedido imediato (modalidade da prestação jurisdicional pretendida)[281] e em pedido mediato ('bem da vida' a ser tutelado concretamente por meio da prestação demandada)".[282]

A partir dos preceitos, expõe-se o seguinte exemplo: havendo a cobrança, mas não havendo o pagamento da taxa de matrícula por quem

---

[280] BRASIL. Supremo Tribunal Federal. *Súmula Vinculante 12*. Data de Aprovação: Sessão Plenária de 13/08/2008. DJe 157 de 22/08/2008, p. 1. DOU de 22/08/2008, p. 1.

[281] É, por exemplo, pedido imediato o que pleiteia uma sentença que condene o devedor a realizar alguma prestação em favor do autor, ou o que postula a promoção de um ato de execução forçada da prestação que o devedor não satisfez voluntariamente. (THEODORO JUNIOR, Humberto. *Curso de Direito Processual Civil* – Teoria geral do Direito Processual Civil e processo de conhecimento. Rio de Janeiro: Forense, 2014. V. I. p. 92).

[282] Por pedido mediato, sempre se visualiza o objeto final que o autor espera alcançar por meio do provimento judicial, seja este uma sentença ou um ato executivo: consiste, pois, no 'bem da vida' ou na 'situação de vantagem' visados pelo autor em face do réu. Será a prestação de uma coisa, uma quantia, ou um fato, que o autor deseja seja o réu compelido a realizar em seu benefício, como se passa na sentença condenatória e na execução forçada. Pode, ainda, o pedido imediato visar certa vantagem jurídica, como ocorre, por exemplo, nas sentenças declaratórias, com que se busca a certeza da existência e validade de determinada relação jurídica, ou, ao contrário, a certeza de sua inexistência ou da sua invalidade; ou pode, ainda, a vantagem consistir na constituição de uma nova situação jurídica entre as partes, como se dá em consequência das sentenças constitutivas promovidas para se obter, por exemplo, a resolução de contrato, a anulação do ato jurídico, a revisão ou renovação de contrato etc. (*Ibidem*, p. 92).

supostamente deve tal prestação, surge a necessidade da provocação de uma ação judicial pelo credor visando ao seu pagamento (medida jurisdicional pretendida – pedido imediato) para o fim de receber o valor da taxa de matrícula (pedido mediato a ser pleiteado).

No caso proposto, a Súmula Vinculante 12 impõe a ilegalidade da taxa de matrícula cobrada em universidades públicas, o que gera a impossibilidade jurídica do pedido imediato em relação à ação que vise a cobrar o valor referente à taxa aludida.

Num caso como esse, o juiz deve considerar a carência de ação consequente da intelecção da Súmula Vinculante 12, extinguindo-se o processo sem resolução de mérito (art. 330, III do CPC/2015),[283] tendo em vista a ausência de viabilidade processual perante as condições da ação, especificadamente a da necessidade, adequação e utilidade da demanda frente à prestação da tutela jurisdicional (pedido imediato), uma vez que a ordem jurídica, estabelecida no enunciado sumular, priva a análise da matéria pelo Judiciário.

Em paralelo ao disposto no artigo 332 do Código de Processo Civil de 2015,[284] no qual se autoriza que julguem liminarmente improcedentes pedidos que contrariem precedentes jurisprudenciais, criando-se requisito de admissibilidade de ação, afere-se que o preenchimento das condições da ação passa agora a ser prospectado na dimensão da jurisprudência dos tribunais superiores, apresentando-se as Súmulas Vinculantes como instrumento da formação jurisprudencial de abrangência e observância obrigatória, como um filtro supralegal de acesso à jurisdição.

Em outras palavras, a pretensão cujo objeto estiver em confronto com enunciado de Súmula Vinculante atinge a possibilidade jurídica da demanda, criando-se barreira à discussão em juízo sobre o tema,

---

[283] Art. 330. A petição inicial será indeferida quando: I – for inepta; II – a parte for manifestamente ilegítima; III – o autor carecer de interesse processual; IV – não atendidas as prescrições dos arts. 106 e 321. BRASIL. *Lei nº 13.105/2015*. Código de Processo Civil. DOU de 16/03/2015, p. 1.

[284] Art. 332. Nas causas que dispensem a fase instrutória, o juiz, independentemente da citação do réu, julgará liminarmente improcedente o pedido que contrariar: I – enunciado de súmula do Supremo Tribunal Federal ou do Superior Tribunal de Justiça; II – acórdão proferido pelo Supremo Tribunal Federal ou pelo Superior Tribunal de Justiça em julgamento de recursos repetitivos; III – entendimento firmado em incidente de resolução de demandas repetitivas ou de assunção de competência; IV – enunciado de súmula de tribunal de justiça sobre direito local. BRASIL. *Lei nº 13.105/2015*. Código de Processo Civil. DOU de 16/03/2015, p. 1.

alcançando-se, de tal forma, o conceito de súmula impeditiva de condição da ação.

5.4 A viabilidade jurídica da demanda vinculada e a defesa vazia ou meramente formal

A previsibilidade do resultado final de demanda judicial antes mesmo da sua propositura causa a interferência nas condições da ação de forma a alterar a sua essência. O pedido contido em ação judicial previsto em Súmula Vinculante propicia alto grau de viabilidade jurídica.

Em virtude do caráter impositivo que emana das Súmulas Vinculantes, a matéria tratada em seus enunciados torna direta a adoção de seus preceitos aos casos aplicáveis. Por tal percepção, a possibilidade jurídica da demanda ganha outra feição em situações onde o magistrado se encontrar adstrito a sua adoção. Afere-se, portanto, o impacto das Súmulas Vinculantes em relação à possibilidade jurídica do pedido, em seu viés positivo, em posição inversa à impossibilidade jurídica do pedido tratada no item 5.3.

Na impossibilidade jurídica da demanda, não há viabilidade processual para o início da ação pela ausência de possibilidade jurídica imediata (o ordenamento normativo impede a discussão em juízo de determinado tema) ou mediata (ausência de previsão relativa ao direito material). No caso de haver pretensão amparada em Súmula Vinculante, a possibilidade jurídica do pedido será imediata, mediata e, podendo-se dizer, teoricamente, instantânea.

Decorre desse contexto a distorção da formação processual entre autor e réu. Caso o direito relativo ao pedido mediato advenha de Súmula Vinculante, a qual o ampara, preenchidos os pressupostos de condição da ação (considerados, nesse aspecto, o interesse – necessidade, adequação, utilidade – e a legitimidade), não haverá meios de defesa para o réu e o magistrado não terá meios de desenvolvimento processual cognitivo, uma vez que a decisão para o caso já estará disposta no enunciado sumular.

Dessa proposição, antes mesmo da composição processual, verifica-se estabelecida a resposta judicial para o caso quando o objeto da demanda (o bem jurídico tutelado relativo ao pedido mediato) estiver amparado em Súmula Vinculante, ocasionando o esvaziamento de meios de defesa sob o aspecto material, propiciando uma defesa meramente formal, ou seja, com possibilidade de combate somente em relação às condições da ação.

A pretensão baseada em Súmula Vinculante se vincula estritamente ao seu enunciado. Se é a norma contida na Súmula Vinculante que propicia a "possibilidade jurídica do pedido", tal pedido se vincula ao seu conteúdo. Não é a decisão judicial, em uma determinada ação, o destinatário primeiro da vinculação da Súmula Vinculante, mas o pedido. A decisão judicial somente irá reconhecer (declarar) a incidência ou não da Súmula Vinculante no caso concreto baseado em pedido amparado em Súmula Vinculante.

Tem-se, pois, a viabilidade jurídica do pedido vinculado à Súmula Vinculante. Se o ordenamento jurídico acata os enunciados das Súmulas Vinculantes como preceitos normativos, devem as relações jurídicas se ater aos seus comandos. Configurada uma lesão a direito, estando o direito amparado em Súmula Vinculante, o pedido (pretensão) se vincula ao seu enunciado.

Seria inócuo utilizar-se de outros elementos jurídicos para fundamentar pretensão cujo objeto já se encontra amparado em Súmula Vinculante, o que faz com que se descreva que o pedido, em casos com tais características, vincule-se ao enunciado da Súmula Vinculante.

Novamente, toma-se como exemplo a Súmula Vinculante 31. Seu enunciado descreve que o ISS sobre operações de locação de bens móveis é inconstitucional.[285] Sobre os aspectos dos conceitos tributários e de constitucionalidade de lei municipal que prevê o serviço questionado, o debate da edição da Súmula Vinculante 31 abordou tais características na apreciação do caso no STF, ocasionando a produção da SV.[286]

---

[285] É inconstitucional a incidência do Imposto sobre Serviços de Qualquer Natureza – ISS sobre operações de locação de bens móveis. BRASIL. Supremo Tribunal Federal. Súmula Vinculante 31. Data de Aprovação Sessão Plenária de 04/02/2010. DJe 28 de 17/02/2010, p. 1. DOU de 17/02/2010, p. 1.

[286] O recurso extraordinário do município de São Paulo funda-se no art. 102, III, *a*, da Constituição Federal. Sustenta a constitucionalidade do art. 78, §1º, da Lei municipal nº 10.423/87, que previu a locação de bens móveis como hipótese de incidência de ISS. Alega que a Constituição, em seu art. 156, inciso III, usou a expressão 'serviços de qualquer natureza', dando amplitude maior ao conceito jurídico de serviços, de modo a englobar operações de locação de bens móveis. (...) Trago o presente *leading case* para apreciação do Tribunal Pleno e julgamento do mérito da questão constitucional cuja repercussão geral foi reconhecida [AI 766.684]. (...) Como relatado, o caso em tela versa sobre locação de filmes cinematográficos, videoteipes, cartuchos para vídeo games e assemelhados, situação em que não está envolvida prestação de serviço. (...) BRASIL. Supremo Tribunal Federal. *RE 626.706*, Relator Ministro Gilmar Mendes, Tribunal Pleno, julgamento em 08/09/2010, DJe de 24/09/2010.

O Imposto Sobre Serviços de Qualquer Natureza é tributo de competência municipal e que deve, necessariamente, segundo os princípios do Direito Tributário de tipicidade e anterioridade, estar previsto em lei para possibilitar sua cobrança.

Com base em tal colocação, caso o contribuinte tenha recolhido o ISS sobre operações de locação de bens móveis, terá a possibilidade de buscar a restituição devida por meio de ação judicial, mesmo que o tributo esteja previsto em legislação municipal vigente.

Estudando o caso a partir da proposta de interferência das Súmulas Vinculantes na ação judicial, afere-se o seguinte cenário: (i) o interesse de agir do contribuinte é patente, considerando que somente por meio da ação de declaração de inconstitucionalidade pela via difusa da lei que criou o imposto sobre referida atividade e de repetição do indébito tributário a Fazenda Pública restituirá os valores correspondentes ao eventual pagamento do tributo; (ii) pela legitimidade deve o contribuinte demonstrar que sobre seu patrimônio recaiu a obrigação; (iii) e a viabilidade jurídica da demanda (pretensão apresentada por meio dos pedidos imediato e mediato) encontra-se expressamente definida na Súmula Vinculante 31, tornando o provimento jurisdicional atrelado ao seu enunciado.

No caso, a possibilidade jurídica do pedido mediato encontra eco no sistema normativo, o que propiciou o posicionamento adotado pelo STF, editando a Súmula Vinculante sobre o tema, e que deve ser obrigatoriamente seguida pelo magistrado que irá julgar a ação judicial que versar sobre a questão.

Portanto, verifica-se que o contribuinte, no caso do exemplo descrito, ao ingressar com a demanda judicial, pode ter a certeza do êxito processual, pois seu pedido se encontra vinculado ao enunciado da Súmula Vinculante. Ou seja, quando a ação versar sobre assunto tratado em Súmula Vinculante, deve o autor demonstrar somente interesse e legitimidade, sendo o bem jurídico tutelado (aspecto material) assunto já definido na Súmula Vinculante.

Não é exagerada a colocação, uma vez que, sendo vinculante o enunciado do STF, somente os requisitos formais do processo devem ser analisados pelo juiz (v. g. legitimidade, prescrição, decadência, coisa julgada, litispendência etc.), já que o conteúdo material já se encontra delimitado e esgotado na Súmula Vinculante.

Amparada por Súmula Vinculante a pretensão, vinculado, portanto, o pedido (imediato e mediato), preenchidos os pressupostos de condição da ação (considerados o interesse e legitimidade), surge para o réu uma obstrução de defesa, já que não há espaço processual, nem no campo formal, nem no campo material, para discutir o objeto. A defesa que trate do direito material discutido não será suficiente para desatrelar o juiz da Súmula Vinculante.

Constata-se existente a resposta judicial antes de composta a relação processual nos casos em que o pedido mediato (objeto jurídico tutelado) se encontrar amparado em Súmula Vinculante, ocasionando o esvaziamento de meios de defesa sob o aspecto material e tornando a defesa meramente formal, ou seja, com possibilidade de combate somente em relação aos aspectos formais da ação.

A situação pode ser também analisada em relação à Súmula Vinculante 12 (a cobrança de taxa de matrícula nas universidades públicas viola o disposto no art. 206, IV, da Constituição da República de 1988). Caso determinada universidade exija o pagamento da taxa de matrícula, poderá o interessado buscar garantir seu acesso à universidade mediante o ingresso de ação judicial sem a necessidade do pagamento.

Diante de tal contexto, qual será o objeto de defesa possível para a universidade figurante como demandada em ação judicial, já que o tema está esgotado em Súmula Vinculante? Deve-se analisar se demandante e demandado preenchem os requisitos de condição da ação – interesse (necessidade/adequação) e legitimidade (ativa e passiva) – e demais aspectos formais (prescrição, decadência, coisa julgada, litispendência etc.), excluindo-se a discussão material, pois já esgotada na Súmula Vinculante 12.

Ou seja, decorrendo o esvaziamento do conteúdo material discutido em ação judicial, resta para a defesa atacar os requisitos formais da ação, verificando-se se as condições da ação se encontram preenchidas. Por isso, caracteriza-se a defesa, nas circunstâncias ora descritas, como vazia ou meramente formal, pois inviável juridicamente a sua discussão no âmbito material.

A Súmula Vinculante interfere no plano processual na medida em que impõe aos demais órgãos jurisdicionais a aplicação de seu enunciado. As presentes considerações pretendem focar com clareza as interferências ocasionadas pela implementação normativa das Súmulas Vinculantes, atendo-se aos seus contornos de efeitos jurídicos no plano processual, concebendo-se a ideia da amplitude de influência dos verbetes decorrentes da leitura jurisprudencial desenvolvida pelo STF.

Tem-se que a Súmula Vinculante altera substancialmente as condições da ação, tendo em vista que a demanda, amparada em enunciado de Súmula Vinculante, transforma-se em "certeza jurídica", já que se tem a resposta do Poder Judiciário de observância obrigatória pelos demais órgãos.

Uma situação concreta deve ser analisada à luz do ordenamento jurídico e, sendo matéria tratada em Súmula Vinculante, deve-se analisar se a mesma se insere na sua abrangência objetiva. Ou seja, deve aplicar ao caso um questionamento restritivo que a objetividade direta do enunciado o complemente.

Ainda em relação à Súmula Vinculante 12, pergunta-se: é inconstitucional a cobrança de taxa de matrícula em todas as universidades públicas? Resposta no ordenamento jurídico: sim (a cobrança de taxa de matrícula nas universidades públicas viola o disposto no art. 206, IV, da Constituição da República de 1988).

Conforme se observa, o enunciado tem abrangência máxima em relação às universidades públicas, considerando inconstitucional a cobrança da taxa de matrícula. Nesse caso, encontra-se esgotado o conteúdo material do tema. Portanto, eventual ação que tenha por objeto a discussão acerca da cobrança de taxa de matrícula em universidade pública poderá ser combatida somente em seus aspectos processuais.

No entanto, por outro lado, o conceito restritivo de interpretação do enunciado se verifica em relação a estabelecimentos públicos de ensino diversos da universidade pública. Dessa forma, pergunta-se novamente: em instituições públicas de ensino, é inconstitucional a cobrança de taxa de matrícula? A resposta para esse caso não estará plenamente nítida na Súmula Vinculante, uma vez que a sua abrangência não inclui estabelecimentos diversos, devendo ser construída por meio da leitura sistemática do ordenamento jurídico, transformando a Súmula Vinculante aludida em mera ferramenta de fundamentação argumentativa.

As considerações acerca dos efeitos das Súmulas Vinculantes no direito processual servem para alertar sobre o risco do descontrole em se primar pela celeridade em detrimento dos demais princípios norteadores do sistema jurídico. Retirar o caráter interpretativo de aplicação das normas pelo Judiciário, retomando-se a crença positivista de mecanização do Direito, é subjugar sua tarefa precípua de distribuir de forma equânime o que o Direito reserva às especificidades de cada caso concreto, construindo-se uma decisão a partir da contribuição das partes e em observância aos princípios que regem o contexto normativo.

CONSIDERAÇÕES FINAIS

A política de proteção aos direitos fundamentais, decorrente dos aspectos históricos que permearam a atuação governamental do Estado e a resistência a ela, apresenta-se como referência do Estado Democrático de Direito. A partir das pretensões iluministas de limitações ao Estado, impondo-se respeito às leis, cada nova previsão normativa de caráter fundamental representa uma conquista para os anseios idealistas de igualdade e liberdade.

A configuração de um Estado que se submete às leis, cada vez menos interventor e ao mesmo tempo responsável pela implementação do desenvolvimento social, propiciou que os direitos fundamentais fossem objeto de proteção por meio de sua ampla inserção na Constituição.

No caso da Constituição da República de 1988, após a experiência de supressão de direitos praticada pela ditadura de governos militares, emerge-se de seu texto a intocabilidade aos direitos fundamentais. Detendo caráter garantista e programático, o teor normativo da Constituição propicia um enfraquecimento dos poderes Legislativos e Executivo na medida em que não cumprem de forma imediata os preceitos positivados.

Surge, portanto, o conflituoso cenário institucional de cumprimento dos preceitos constitucionais, onde o Judiciário, na sua função de impor o respeito à ordem jurídica, atua nas esferas que fogem de sua função típica.

Decorre da necessidade inafastável de proteção aos direitos fundamentais e do próprio sistema jurídico a "interferência" do Poder Judiciário. A influência cruzada ocorrida na Constituição, percebida a cada direito individual ou coletivo de caráter fundamental inserido em seu texto, causando reflexos na sua estrutura orgânica, permite a hipertrofia do Poder Judiciário, obrigando sua atuação na função impositiva de respeito aos comandos legais em relação aos demais poderes.

O que se tem nomeado de judicialização e ativismo judicial encontra campo fértil neste momento. Porém, a atuação do Poder Judiciário diante do contexto constitucional de garantias não pode ser considerada interferência de um poder sobre o outro, desfazendo-se o fenômeno da judicialização e do ativismo judicial quando se tem como premissa a observância dos direitos fundamentais, aplicados de acordo com os princípios da comunidade.

A separação de poderes estabelece que suas funções sejam harmônicas e não invasivas, sendo claro, portanto, que a ação de determinado poder na esfera de atuação do outro configura dissidência em relação aos conceitos republicanos. Porém, a garantia aos direitos previstos na Constituição da República de 1988 deve, de alguma forma, ser concretizada, configurando-se não legítimo, por seu turno, a extrapolação aos comandos constitucionais, o que afasta a ideia de judicialização e ativismo judicial.

Em virtude de tais circunstâncias, do ponto de vista histórico, vislumbra-se atualmente o protagonismo jurisprudencial exclusivo da Constituição exercido pelo STF, consubstanciado de forma emblemática nas Súmulas Vinculantes, pois estas detêm nítido caráter normativo. Ou seja, a atuação do STF, como órgão do Poder Judiciário, alcançou tamanha amplitude que a interpretação jurisprudencial passou a ser imposição normativa jurisprudencial.

Vale ressaltar que as mudanças ocorridas com o advento da EC 45/04 transferiram para o Poder judiciário inegável sobreposição ao Poder Executivo e Legislativo. O inc. LXXXVIII do art. 5º da CR/88 trouxe expressamente a previsão de celeridade processual, considerando tal preceito como direito fundamental, apresentando-se como parâmetro para que se instituam, por meio de previsão normativa, os entendimentos dos Tribunais Superiores como fontes decisórias e de aplicabilidade direta, tendo em vista a necessidade de obediência ao princípio da celeridade.

A mencionada exclusividade na interpretação da Constituição é a marca principal das diretrizes adotadas como forma de instrumentalização processual em busca da celeridade processual e segurança jurídica.

No entanto, a exclusividade pretendida na interpretação de normas não se sustenta no plano concreto diante da complexidade das relações jurídicas, as quais sempre exigirão a análise hermenêutica de aplicação das normas pelo julgador, devendo ser afastada a orientação sumular quando conflitante com direitos fundamentais ou quando prevalente norma específica, sendo, portanto, mitigada a vinculação dos enunciados com tal caráter.

Daí a contextualização da integridade do Direito proposta por Dworkin. As Súmulas Vinculantes reproduzem o entendimento dominante sobre determinado tema, sem que, contudo, esgotem as possibilidades hermenêuticas do intérprete. Dessa forma, os enunciados vinculantes são textos jurídicos que deverão ser considerados para futuras decisões, mas sem que se deixe de considerar o ordenamento jurídico como todo.

Essa postura interpretativa das normas, incluindo os enunciados das Súmulas Vinculantes, vem sendo aplicada pelo próprio STF, afastando-as quando em confronto com diretrizes de direito fundamental, proporcionando nova feição ao efeito vinculante.

Afasta-se, assim, a discricionariedade judicial em virtude da imposição da ordem constitucional de proteção aos direitos fundamentais, pois a escolha deve ser sempre coerente com tal contexto. Vislumbra-se, em tal cenário, que não vêm sendo aplicados os conceitos de Hart em relação à escolha do julgador em face das várias alternativas de respostas proporcionadas pelo Direito.

No caso da Súmula Vinculante, a cada invocação de resguardo de direitos fundamentais em confronto com seu enunciado, conforme exposto nos exemplos apresentados neste trabalho, será necessária a devida análise de colidência para uma conclusão com coerência sequencial, percebendo-se a postura judicial que adota a integridade do Direito.

A interferência verificada no plano processual pela aplicação das Súmulas Vinculantes, diante da existência prévia de uma resposta jurisdicional à demanda antes de seu início, provoca uma ruptura nas condições da ação, tendo em vista que a viabilidade jurídica da demanda é colocada em sobreposição à discussão jurídica, pois, como observado no trabalho, ao esgotar a matéria posta em juízo, a Súmula Vinculante determina a viabilidade ou inviabilidade processual sem o seu devido discorrer.

Por todos os aspectos, deve-se considerar que o enunciado de Súmula Vinculante não se presta como ponto final às discussões jurídicas e nem é a sua resposta única, e sim mais um elemento a ser considerado no universo jurídico para se construir a decisão jurídica.

Sempre haverá um ponto de coerência onde se observa a sintonia fina entre o caso concreto e o ordenamento jurídico. Encontrar tal ponto é a tarefa hermenêutica do aplicador do Direito, que, a partir de tal descoberta, perceberá novos desdobramentos, os quais serão adotados como fundamento para mais respostas jurídicas alcançadas por meio do exercício interpretativo.

REFERÊNCIAS

ALEXY, Robert. Direitos fundamentais, balanceamento e racionalidade. Tradução: Menelick de Carvalho Netto. *In Ratio Juris*. V. 16, n. 2, 2003.

BAHIA, Alexandre Gustavo Melo Franco. Fundamentos de teoria da constituição: a dinâmica constitucional no Estado Democrático de Direito brasileiro. *In*: *Constitucionalismo e democracia*. Rio de Janeiro: Elsevier, 2012.

BAPTISTA, Isabelle de. A desconstrução da técnica da ponderação aplicável aos direitos fundamentais, proposto por Robert Alexy: uma reflexão a partir da filosofia de Jacques Derrida. *Revista do Tribunal de Contas do Estado de Minas Gerais*, v. 77, n. 4, ano XXVIII, 2010. Disponível em: https://revista1.tce.mg.gov.br/Content/Upload/Materia/1086.pdf. Acesso em: 20 de fevereiro de 2014.

BARROSO, Carlos Eduardo Ferraz de Mattos. *Teoria geral do processo e processo de conhecimento*. 12. ed. São Paulo: Saraiva, 2011.

BARROSO, Luís Roberto. Judicialização, ativismo judicial e legitimidade democrática. *(SYN)THESIS*, v. 5, n. 1, 2012. Disponível em: https://www.e-publicacoes.uerj.br/synthesis/article/view/7433. Acesso em: 11 out. 2023.

BARROSO, Luiz Roberto. *Curso de Direito Constitucional contemporâneo*: os conceitos fundamentais e a construção do novo modelo. 4. ed. São Paulo: Saraiva, 2013.

BERCOVICI, Gilberto. *Constituição econômica e desenvolvimento* – Uma leitura a partir da Constituição de 1988. São Paulo: Malheiros, 2005.

BINENBOJM, Gustavo. *Uma teoria do Direito Administrativo*: direitos fundamentais, democracia e constitucionalização. 2. ed. rev. e atual. Rio de Janeiro: Renovar, 2008.

BOBBIO, Norberto. *A era dos direitos*. Tradução de Carlos Nelson Coutinho. Rio de Janeiro: Campus, 1992.

BOBBIO, Norberto. *O positivismo jurídico*: lições de filosofia do direito; compiladas por Nello Morra. Tradução e notas: Márcio Pugliesi, Edson Bini, Carlos E. Rodrigues. São Paulo: Ícone, 2006.

BOLZAN DE MORAIS, José Luis. O Estado constitucional – entre justiça e política. Porém, a vida não cabe em silogismos! *In*: MACHADO, Felipe; CATTONI, Marcelo (coord.). *Constituição e processo*: entre o direito e a política. Belo Horizonte: Fórum, 2011.

BONAVIDES, Paulo. *Curso de Direito Constitucional*. 29. ed. São Paulo: Malheiros, 2014.

CANOTILHO, José Joaquim Gomes. *Direito Constitucional e Teoria da Constituição*. 5. ed. Coimbra: Almedina, 2002.

CANOTILHO, José Joaquim Gomes. *Estudo sobre direitos fundamentais*. 1. ed. São Paulo: Revista dos Tribunais; Portugal: Coimbra, 2008.

CAPPELLETTI, Mauro. *Juízes legisladores?* Tradução de Carlos Alberto Alvaro de Oliveira. Porto Alegre: Sérgio Antônio Fabris Editor, 1999.

CAPPELLETTI, Mauro. *Processo, ideologias e sociedade*. Tradução e notas do Prof. Dr. Elício de Cresci Sobrinho. Porto Alegre: Sérgio Antônio Fabris Editor, 2008.

CARVALHO NETTO, M.; SCOTTI, Guilherme. *Os direitos fundamentais e a (in)certeza do Direito*: a produtividade das tensões principiológicas e a superação do sistema de regras. 1. ed. Belo Horizonte: Fórum, 2011.

CATTONI DE OLIVEIRA, Marcelo de Andrade. *In*: SOUZA CRUZ, Álvaro Ricardo. *Habermas e o Direito Brasileiro*. Prefácio. 2. ed. Rio de Janeiro: Lumen Juris, 2008.

CATTONI DE OLIVEIRA, Marcelo de Andrade. Dworkin: de que maneira o Direito se assemelha à literatura? *Rev. Fac. Direito UFMG*, Belo Horizonte, n. 54, p. 91-118, 2009. Disponível em: http://www.direito.ufmg.br/revista/index.php/revista/article/viewFile/235/216. Acesso em: 24 fev. 2014.

CHUEIRI, Vera Karam. Prefácio. *In*: CARVALHO NETTO, M.; SCOTTI, Guilherme. *Os direitos fundamentais e a (in)certeza do Direito*: a produtividade das tensões principiológicas e a superação do sistema de regras. 1. ed. Belo Horizonte: Fórum, 2011.

CINTRA, A. C. de A.; GRINOVER, A. P.; DINAMARCO, C. R. *Teoria geral do processo*. 28. ed. São Paulo: Malheiros Editores, 2012.

COÊLHO, Sacha Calmon Navarro. *Curso de Direito Tributário brasileiro*. 14. ed. rev. e atual. Rio de Janeiro: Forense, 2015.

DANTAS, Marcus Eduardo de Carvalho. Princípios e regras: entre Alexy e Dworkin. *In*: MORAES, Maria Celina Bodin (coord.). *Princípios do Direito Civil contemporâneo*. Rio de Janeiro: Renovar, 2006.

DARDEAU, Denise. Aporias da justiça – entre Lévinas e Derrida. *Sapere Aude*, Belo Horizonte, v. 4, n. 7, p. 182, 2013. ISSN: 2177-6342. Disponível em: http://periodicos.pucminas.br/index.php/SapereAude/article/viewFile/5471/5480. Acesso em: 20 de fevereiro de 2014.

DI PIETRO, Maria Sylvia Zanella. *Direito Administrativo*. 15. ed. São Paulo: Atlas, 2002.

DIDIER JUNIOR, Fredie; BRAGA, Paula Sarno. OLIVEIRA, Rafael de Oliveira. *Curso de Direito Processual Civil*. 9. ed. Salvador: Juspodivm, 2014. V. 2.

DIDIER JUNIOR, Fredie; CUNHA, Leonardo Carneiro da. Curso de Direito Processual Civil. 12. ed. Salvador: Juspodium, 2014. V. 3.

DINIZ, Maria Helena. *Curso de Direito Civil brasileiro*: teoria geral do Direito Civil. 29. ed. São Paulo: Saraiva, 2012. V. I.

DWORKIN, Ronald. *Uma questão de princípio*. Tradução: Luís Carlos Borges. São Paulo: Martins Fontes, 2000.

DWORKIN, Ronald. *Levando os direitos a sério*. Tradução e notas: Nelson Boeira. São Paulo: Martins Fontes, 2002.

DWORKIN, Ronald. *O direito da liberdade:* a leitura moral da constituição norte-americana. São Paulo: Martins Fontes, 2006.

DWORKIN, Ronald. *O império do Direito*. Tradução: Jefferson Luiz Camargo. Revisão técnica: Gildo Sá Leitão Rios. 3. ed. São Paulo: Martins Fontes, 2014.

FELETTI, Maria Vanessa. *Súmulas Vinculantes, hermenêutica e Justiça Constitucional*. São Paulo: Servanda, 2013.

FERNANDES, Bernardo Gonçalves; PEDRON, Flávio Quinaud. *O Poder Judiciário e(m) crise*. Rio de Janeiro: Ed. Lumen Juris, 2008.

GARGARELLA, Roberto. Pensando sobre la reforma constitucional en América Latina. *In*: GARAVITO, C. R. *El derecho en América Latina* – un mapa para el pensamiento jurídico del siglo XXI. 1. ed. Buenos Aires: Siglo Veintiuno Editores, 2011.

GARGARELLA, Roberto. A inserção de direitos sociais em constituições hostis a eles (1917-1980). *In*: TOLEDO, Cláudia (org). *Direitos sociais em debate*. Rio de Janeiro: Elsevier, 2013.

GONÇALVES, Carlos Roberto. *Direito Civil Brasileiro*: parte geral. 9. ed. São Paulo: Saraiva, 2011. V. I.

HABERMAS, Jurgen. *Direito e democracia* – entre facticidade e validade. Rio de Janeiro: Tempo Brasileiro, 1997. V. I e II.

HART, H. L. A. *O conceito de Direito*. Tradução: Armindo Ribeiro Mendes. Lisboa: Fundação Calouste Gulbenkian, 1986.

IRIBURE JUNIOR, Hamilton da Cunha. As dimensões de justiça e cidadania no sistema constitucional brasileiro. *In*: LEITE, George Salomão; SARLET, Ingo Wolfgang. *Constituição, política e cidadania*. João Pessoa: GIW, 2013.

LEAL, Rosemiro Pereira. *Teoria geral do processo:* primeiros estudos. 12. ed. rev. e atual. Rio de Janeiro: Forense, 2014.

MAGALHÃES, José Luiz Quadros de. *In*: REPOLÊS, Maria Fernanda Salcedo. *Quem deve ser o guardião da Constituição?* Do poder moderador ao Supremo Tribunal Federal. Belo Horizonte: Mandamentos, 2008.

MARINONI, Luiz Guilherme. *A Jurisdição no Estado Constitucional*. São Paulo: RT, 2007.

MEIRELLES, Hely Lopes. *Direito Administrativo Brasileiro*. 40. ed. São Paulo: Malheiros, 2014.

MENDES, Gilmar Ferreira. *Jurisdição constitucional:* o controle abstrato de normas no Brasil e na Alemanha. 6. ed. São Paulo: Saraiva, 2014.

MONTORO, André Franco. *Introdução* à *ciência do Direito*. 25. ed. São Paulo: Editora Revista dos Tribunais, 1999.

MORAES, Maria Celina Bodin de. O conceito de dignidade humana: substrato axiológico e conteúdo normativo. *In*: SARLET, Ingo Wolfgang. *Constituição, direitos fundamentais e direito privado*. Porto Alegre: Livraria do Advogado, 2003.

MORAES, Maria Celina Bodin de. *Princípios do direito civil contemporâneo*. Maria Celina Bodin de Moraes (coord.). Rio de Janeiro: Renovar, 2006.

MORAES, Alexandre de. *Constituição do Brasil interpretada e legislação constitucional*. 6. ed. atualizada até a EC 52/06. São Paulo: Atlas, 2006.

MORAES, Alexandre de. *Direito constitucional*. 26. ed. rev. e atual. São Paulo: Atlas, 2010.

NERY JUNIOR, Nelson. *Código de Processo Civil comentado e legislação extravagante*. 9. ed. rev. atual. e ampl. São Paulo: Revista dos Tribunais, 2006.

NEVES, Marcelo. *A constitucionalização simbólica*. 3. ed. Brasil: Saraiva, 2011.

NUNES, Dierle José Coelho. *Processo jurisdicional democrático*. 1. ed. (ano 2008), 4. reimpr. Curitiba: Juruá, 2012.

NUNES, Dierle José Coelho. Fundamentos e dilemas para o sistema processual brasileiro: uma abordagem da litigância de interesse público a partir do processualismo constitucional democrático. *In*: QUADROS DE MAGALHÃES, José Luiz. *Constitucionalismo e democracia*. Rio de Janeiro: Elsevier, 2012.

PEREIRA, Caio Mario da Silva. *Instituições de Direito Civil*. 27. ed. São Paulo: Forense, 2014. V.1.

POSNER, Richard A. *Problemas de filosofia do Direito*. Tradução: Jefferson Luiz Camargo. São Paulo: Martins Fontes, 2007.

REPOLÊS, Maria Fernanda Salcedo. *Quem deve ser o guardião da Constituição?* Do poder moderador ao Supremo Tribunal Federal. Belo Horizonte: Mandamentos, 2008.

SARMENTO, Daniel. A dimensão objetiva dos direitos fundamentais: fragmentos de uma teoria. *In*: SAMPAIO, José Adércio Leite. *Jurisdição constitucional e os direitos fundamentais*. Belo Horizonte: Del Rey, 2003.

SILVA, José Afonso da. *Curso de Direito Constitucional positivo*. 33. ed. rev. e atual. São Paulo: Malheiros Editores, 2009.

SILVA, Diogo Bacha. *Ativismo no controle de constitucionalidade*: a transcendência dos motivos determinantes e a (i)legítima apropriação do discurso de justificação pelo Supremo Tribunal Federal. Belo Horizonte: Arraes Editores, 2013.

SIMIONI, Rafael Lazzarotto. *Direito e racionalidade comunicativa*. Curitiba: Juruá, 2007.

SIMIONI, Rafael Lazzarotto. Decisão jurídica e autonomia do direito: a legitimidade da decisão para além do constitucionalismo e democracia. *In*: FIGUEIREDO, Eduardo Henrique Lopes; MONACO, Gustavo Ferraz de Campos; MAGALHÃES, José Luiz Quadros de. *Constitucionalismo e democracia*. Rio de Janeiro: Elsevier, 2012.

SIMIONI, Rafael Lazzarotto. *Curso de hermenêutica jurídica contemporânea*: do positivismo clássico ao pós-positivismo jurídico. Curitiba: Juruá, 2014.

SOUZA CRUZ, Álvaro Ricardo. *Habermas e o Direito Brasileiro*. Prefácio. 2. ed. Rio de Janeiro: Lumen Juris, 2008.

STRECK, Lenio Luiz. *Verdade e consenso:* constituição, hermenêutica, e teorias discursivas. Da possibilidade à necessidade de respostas corretas em direito. 3. ed. Rio de Janeiro: Lumen Juris, 2009.

STRECK, Lenio Luiz. O problema do "livre convencimento" e do "protagonismo judicial" nos códigos brasileiros: a vitória do positivismo jurídico. *In*: BOLZAN DE MORAIS, José Luis; BARROS, Flaviane de Magalhães. *Reforma do Processo Civil* – perspectivas constitucionais. Belo Horizonte: Fórum, 2010.

STRECK, Lenio Luiz. *In*: CANOTILHO, J. J. Gomes *et al*. *Comentários à Constituição do Brasil*. São Paulo: Saraiva/Almedina, 2013.

STRECK, Lenio Luiz; ABBOUD, Georges. *O que é isto:* o precedente judicial e as súmulas vinculantes? 2. ed. rev. atual. Porto Alegre: Livraria do Advogado, 2014a.

STRECK, Lenio Luiz. *Hermenêutica jurídica e(m) crise:* uma exploração hermenêutica da construção do Direito. 11. ed. rev., atual. e ampl. Porto Alegre: Livraria do Advogado, 2014b.

TAVARES, André Ramos. *Curso de Direito Constitucional*. 5. ed. São Paulo: Saraiva, 2007.

THEODORO JUNIOR, Humberto. *Curso de Direito Processual Civil* – Teoria geral do Direito Processual Civil e processo de conhecimento. Rio de Janeiro: Forense, 2014. V. I.

Esta obra foi composta em fonte Palatino Linotype, corpo 10
e impressa em papel Offset 75g (miolo) e Supremo 250g (capa)
pela Gráfica Star7, em Betim/MG.